U0540147

有一種難題，叫父母

回顧心中過不去的委屈，醞釀自己未來的幸福

羽茜——著

目錄

前言 想對不被愛的孩子說：你真的已經很努力了 010

1. 原生家庭造成的痛苦，不被允許表現出來 016
有些孩子應該要得到幫助，需要有人陪他們釐清童年時發生了什麼。

2. 不去管它就會好的傷，就不叫傷了 023
人們普遍還是認為，只要身體沒有遭到虐待，語言暴力和精神虐待都不算什麼。

3. 家庭裡的傷必須當成祕密，真實的自己也是 029
「你應該要快樂」，沒有比在忍受痛苦和悲傷時，還被別人這樣指責更讓人難受的了。

4. 不被愛的孩子覺得自己不應該出生 034
家不是避風港而是必須努力保護自己的地方，這種心情和經驗，和別人聊起來都像某種背景調查。

5. 比起認同孩子，社會更常要求孩子去認同父母 040
不應該用「你的爸媽是因為……才這樣對你」這種話，要求孩子去理解和原諒。

6. 心靈的傷，因為社會的否定而惡化了 047
勇敢承認內心一直不敢承認的痛苦和悲傷，是為了接下來的人生。

目錄

7. 不被承認但確實存在的父母霸凌 052
預設父母的行為都是教養的一環，就會忽視有些行為其實並沒有良善的意義。

8. 當父母把生養孩子看成投資 059
真正的愛是關心對方的快樂和健康，而不是只看見自己的期望。

9. 當孩子變成父母滿足虛榮、勾心鬥角的工具 067
身在稱不上避風港的地方，這些孩子其實從一出生就已經是「出社會」了。

10. 習慣為別人付出，卻不懂得照顧自己 073
成長於情感缺失的家庭的孩子，他們在對人溫柔的同時，對自己其實並不是那麼溫柔的。

11. 不要因為付出得不到肯定，就覺得自己不夠好 080
為了自己而努力的人神情都很踏實，為了讓父母高興而努力的人，就總是有種不知為何而忙的虛無感。

12. 被情感忽視，孩子就會否定自己的存在價值 085
父母只有幫助孩子建立安全感和自信心，才有可能培養出坦率的孩子。

13. 被視為理所當然的重男輕女的傷痕 090
性別歧視就是一方有選擇，而一方沒有。

目錄

14. 親子關係逆轉：那些懂得照顧父母的孩子 098
在一些父母缺乏責任感的家庭，是孩子一直在試著了解父母的心情，被要求體諒父母。

15. 嚴重的父母偏心是對一方有愛，另一方是工具 106
孩子渴望透過順從來得到讚美，但父母想的卻是「順從我是應該的」。

16. 父母霸凌只要曾經發生，孩子就會害怕父母 112
有人是在父母身邊最感到安全和安心，有人相反，在父母身邊覺得特別緊張。

17. 保持距離不是因為恨，只是不想再受傷害了 118
孩子遠離父母，有可能是因為恨，但應該也有很多不是因為怨恨，而是因為恐懼。

18. 承擔內疚，總比心懷怨恨好 122
虛偽的原諒比不原諒更糟糕。

19. 你不需要解決了所有原生家庭的問題，才能得到幸福 130
把目標放在每天能多一點點平靜的時刻。

20. 不要放棄建立家庭以外的安全基地 135
你知道自己已經努力過，問心無愧就好了。

目錄

21. **合不來有時不是溝通的問題，而是有沒有互相尊重的誠意** 140
提出凡事都要好好溝通的人，自己也要言行一致。

22. **有一定程度的痛苦，和你想要的自由綁在一起** 145
人就是人，沒有辦法把自己變成沒有感覺的機器。

23. **改變和對方的共依存關係** 150
必須要勇敢做出選擇並且堅持到底，才能對自己產生自信。

24. **不要用一輩子去理解你無法理解的人** 154
包容是一種美德沒有錯，但也是要看包容的對象是誰、值不值得別人這麼做。

25. **了解自己經歷過什麼，是為了不讓痛苦延續** 158
重新養育自己，讓自己發展出好的力量。

26. **小心那些叫你多看看好的、放下壞的的訊息** 164
生活在這個家裡的人是你，你最清楚自己受到的對待。

27. **家庭裡的事情是外人無法明白的** 170
家庭就是一個有很多事情不為人知，也很難說明到能讓外人理解的地方。

目錄

28. 犯錯時父母總是自圓其說，孩子對是非對錯的判準就壞掉了 175
沒事就指責孩子「不寬容」的父母，常常是對孩子最不寬容的。

29. 了解自己選擇承受痛苦的意義 181
即使是自願留在對自己有害的環境中，精神上還是會被逼到極限。

30. 一直被否定就不要再拼命努力了 185
想要改變別人的想法，是最沒有用的努力，可以改變的只有關係和距離，還有自己。

31. 不再追求成為父母眼中的好孩子 190
有些父母總是要孩子感恩，但他們要的感恩其實是服從。

32. 改變沒有時間表，不要給自己時間壓力 196
許多在家庭裡受了傷的孩子，性格都是耿直的努力家。

33. 沒有人傾聽的時候，要傾聽自己 205
要時常問自己想要什麼，哪怕一開始能想到的答案，聽起來還是很消極。

34. 肯定自己的易感和纖細 210
即使纖細的特質讓你能感受到別人的情緒，那些情緒也不是你的責任。

目錄

35. 當年無法說出自己的意見，不是你的錯 214
學會保持沉默，只是你為了保護自己，發展出的求生之道而已。

36. 受虐的孩子會把忍耐當成努力的證明 219
一段健康的關係，其實不會有人在拼命忍耐。

37. 停止追求父母的認同，也是一種對自己的愛和關心 225
父母失望孩子還不夠完美，孩子失望自己得不到肯定，最終是沒有人得到滿足的循環。

38. 察覺到父母給的不是愛時，內心從此分裂成兩個 232
勇敢保持距離，也努力去分析、探討童年經驗對自己造成的影響。

39. 不再假裝自己心裡沒有痛苦 236
接受了會難過的自己之後，心情反而會變得輕鬆。

40. 想像一個被愛著長大的自己 241
了解自己是人生最難的功課，但也是最值得努力的。

後記 願你成為真正自由的大人 246

作者簡介 253

前言

想對不被愛的孩子說：你真的已經很努力了

從懂事以來，你就努力想要解決家裡的問題，想要改變自己讓爸媽高興，努力想要變得更懂事、更孝順、或者更成功來讓爸爸媽媽開心，想要變得更成熟去調停他們的衝突……你希望自己這麼努力，有一天能聽見他們說，覺得生下你是好的。有你在是好的。

但你沒有成功，那不是你的錯，只是你給自己的任務太多也太困難了。每個人都有自己的人生不是嗎？不管是他們的婚姻、生活、對成就和提升自尊的渴望，都是他們自己的責任。

你像在不屬於你的賽道上拼命奔跑、跌倒，跌倒又爬起來，這份努力如果是在你自己真心想要做的事情上，你絕對已經成功了。

就算不成功你也會有一份踏實，因為你為自己的人生拼命奮鬥，但你現在只記得不斷努力又不斷受挫，像在外面拼命敲門，希望你的父母打開心門讓你進去，看看你付出的努力和感情，最後才發現那根本是一面牆，你連那後面究竟有沒有你想見的人都不能確定。

深愛父母而一直被父母否定的人，就算到最後變得一開口就憤世嫉俗、自暴自棄，說著父母的愛是什麼我才不需要，最初那顆溫柔的心還是在的，因為就是那份溫柔讓他們傷痕累累，變成是如果不貶低自己的溫柔、嘲笑自己笨，這個坎就過不去。

愛錯父母的人，自信心比愛錯戀人的人還要低，而且難以治癒這樣的情傷、重新得到自信，因為那份愛有一大部分是內建的，就是無法剝除，除非連自己的心都剝成兩半，一半拿去丟掉的感覺。

但我想說：請溫柔對待那一顆受傷的心吧。

你的付出無論有沒有人相信，你都要相信你自己。

你受傷是因為你有一顆非常溫柔的心。

• • •

從以前我寫心靈創傷時，時常被以為是在寫情傷，但說情傷也沒有錯，只是比起愛情，我更常寫親情。

因為愛情失落時你未必無家可回，但親情失落的人是沒有家的。

精神上的，可以放心哭泣、有人關懷的家。

親情失落的孩子是沒有人看見的孤兒，而他們很多都笑笑的。

因為怕露出不愉快的表情，隱藏不好寂寞悲傷的真實心情，做不成那個「討喜的孩子」，會連物理上的家都回不去了。

能幹的孩子、優秀的孩子、不讓爸媽操心的孩子、安靜的孩子、有意見也總是「恰好」跟爸媽同樣的孩子……無論他們的父母或其他人的看法是什麼，他們如果相遇，有時甚至不用說明，只是一種感覺，就知道彼此的共同點是「不被愛的孩子」。

孩子很會隱藏不被愛的傷痛，因為他們不願相信自己不被愛，所以連自己的痛都會努力否定。

很寂寞，又很難向別人說明。

畢竟你要怎麼解釋才能讓別人懂——「我覺得自己有一種不該有的感受、不存在的傷」？想說出其實自己是不被父母所愛的孩子，但同時又想說，「我相信自己不是」。

太矛盾，又太複雜了。連自己都想說不對，不是這樣的，一會兒又「我好像好一點了」、「今天很快樂」、「好像沒有什麼事」，而那多半都是因為今天爸爸媽媽笑了、沒有對自己莫名其妙地亂發脾氣。

不被愛的孩子，不知道「沒有人在對自己生氣的生活」，其實是多數人的正常生活，而且是理所當然的。

他們一直在承受父母的怒氣和抱怨，還以為這就是自己的人生角色，想要被愛又害怕被愛，因為覺得被愛就是「欠債」，就是要「還」。別人對自己好時，就害怕自己不能夠回報什麼。對方今天很溫柔，覺得很幸福的同時又深感不安，因為自己「不夠好」，對方明天會不會就翻臉不認人……

人活著就需要能肯定自己的真實存在，但不被愛的孩子，一直都像在水面上漂浮，他不知道真正的自己是什麼樣子，只知道在爸媽眼中的自己並不可愛。

我想抱一抱這些不被愛的孩子，心裡有傷，又不知道如何說的大人。用我的文字。

當我越來越了解並且能說清楚我自己，我就知道這是我想做的事。

01

原生家庭造成的痛苦，不被允許表現出來

……

有些孩子應該要得到幫助，
需要有人陪他們釐清童年時發生了什麼。

「好痛苦，好想說出來……」但是說出父母造成自己的痛苦是大逆不道的，批評父母就是不孝順、可能會有報應，說與不說兩種方向不同、強度相同的念頭隨時都在好孩子的心中拉扯。

在原生家庭裡，因為不被父母所愛而受傷的孩子，就是這樣每天面對著內心的衝突，努力壓抑自己真實的想法，想做能讓父母和社會認可的「好孩子」。

但是還是難免會想，到底要到什麼時候，自己的痛苦才會有人在乎呢？傷心難過的事情連說都不能說，當然會有自己不重要、不被在乎的感受，這種自己活著到底算什麼的飄零感，常常是他們要花上一輩子去忍受的。

用來壓抑痛苦的這份力量，如果能轉移來做一些發展自我的事情，絕對能夠有更加光明的人生。

許多人在內心不得不每天面對著這樣的掙扎，有些是無意識的，也許自己並沒有察覺，自己其實受困於童年經驗所造成的陰影，卻總是沒來由地感到悲傷或憤怒。

也可能感到憂鬱，愛麗絲・米勒就曾說：憂鬱，就是不被允許表達的悲傷和憤怒。

因為不能夠如其所是地表現出來，悲傷不能說出悲傷，憤怒不能爆發憤怒，許多人因此陷入一再循環往復的憂鬱。

自己覺得是沒來由的，實際上卻有原因，只是那個原因已經被自己基於道德，或者是孝道倫理各種的壓力，給否認和壓抑了。

童年是不能去碰觸的回憶。對某些人來說。

存在卻不能訴說，放在心裡一碰就痛了。

如果能創造一個痛苦能說出來而且不被批判，單純只是被傾聽的環境，相信會有更多人在心理健康和自我發展上，達到更好的表現吧。

至少能覺得不那麼孤獨，因為痛苦能夠被表達，就有機會被傾聽。

• • •

這個社會多數人相信「虎毒不食子」，認為即使是父母對孩子造成傷害，也只是因為「沒有學過怎麼做父母」、父母的本意一定是好的。

然而，雖然當父母確實很難，也確實沒有人學過，但有些人的問題並不在此。

這個世界上有價值觀偏差的人，也有病態型人格的人，但是這些人也一樣，不會有任何人阻止他們成為父母。

加上社會上對於「父母絕對是愛孩子的」、「生了就會愛」的盲目信仰，一旦這些人成為父母，他們對孩子的危害就會被美化，被扭曲成是孩子不懂事、不明白父母已經很努力了。

會有非常多的人對他們的孩子說：「這不是父母的錯，沒有人生下來就懂得如何做父母。」

這是會讓傷害被掩蓋、傷勢惡化的環境。

如果父母只是不懂但有心要學，本性依然是善的、態度也很誠實，他們在做父母時的不完美，孩子長大後多半是可以理解的。

但那和某些家庭對孩子造成的傷害，是完全不同的事情。

有些孩子確實應該要得到幫助，需要有人陪他們釐清童年時發生了什麼。因為他們的父母不是「不懂做父母」這種程度的問題，而是絲毫沒有責任感，對自己的問題沒有病識感，沒有關懷孩子的心，傷害和利用孩子也不會感到罪惡。

孩子生來弱小，生存又需要仰賴身邊的大人，對這樣的父母是毫無抵抗能力的。

有些人確實是有病態型人格、價值觀偏差，但是外人不容易看出來，有時即使他們的親人、伴侶、朋友和同事，和他們往來都可能受到欺騙和傷害。

在長時期受到操弄的情況下，要走出困境，還需要心理諮商等專業的協助。成人尚且如此，更何況是在他們身邊的時間最長、距離最近，也最脆弱，因此是最好利用的孩子呢？

這些孩子長大之後，需要花很多的心力去療傷，把已經破碎的心撿拾回來。

但是如果沒有人理解他們，允許他們說出自己的遭遇，要怎麼得到協助呢？

在多數情況下，孩子的痛苦是不被承認的。

說出困境的孩子會被認為是在說謊、誇大，甚至是惡意中傷父母。但孩子中傷自己的父母，又能得到什麼好處呢？

有些人的家不是溫暖的棲身之所，他們只是說出事實而已。

換作在別的人際關係裡絕對沒有辦法被接受的行為，任何人都會認同那就是霸凌和虐待的對待方式，只要執行的人是父母而對象是孩子，就會有人對孩子說：他們也「沒有那麼壞」，他們還是愛你的。

要孩子去接受父母的錯待，無視孩子受到傷害的客觀事實。

到底父母要多壞才算壞，身為孩子，要受到多糟糕的對待才會被允許說出來、允許逃離，他們的痛苦才會被認真看待呢？

說這些話的人多半不是真的能接受這種待遇，只是因為受害的人不是自己，才能說得雲淡風輕而已。

相對幸運的人總是難以想像別人的不幸，又總以為家人之間只要坐下來好好溝通，什麼問題都可以解決。

但是如果真的是這樣的家庭，那些傷害也就不會發生了。

也有可能說這種話的人，自己也受過原生家庭裡同樣的，甚至是更深刻的傷害，但是因為無法逃脫，於是說服自己這樣的痛苦是合理正當的。

當他看到別人試著逃離，並且拒絕接受這樣的對待時，就會感到憤怒，那個憤怒不是針對對方，而是針對留下來接受不平等待遇的自己。

02

不去管它就會好的傷，就不叫傷了

⋮

人們普遍還是認為，
只要身體沒有遭到虐待，
語言暴力和精神虐待都不算什麼。

這個社會習慣忽視童年時留下的心靈創傷，也否定想走出創傷的人的努力，總是會說「過去的事情就讓它過去」、「都這麼久了還去提它做什麼」。

深受創傷所苦的孩子，也會用這種說法責怪自己，覺得自己無法向前看、鑽牛角尖。

但是不去管它就會自己好的傷，其實就不叫做傷了。

「事情過去了就該沒事」這種話，反映出的是心理的、精神上的健康不受重視，人們普遍還是認為，只要身體沒有遭到虐待，語言暴力和精神虐待都不算什麼。

些微的傷害或病痛，不管是身體和心靈，人確實都是有自癒能力，就像小感冒會自己好，一些挫折和打擊，人也可以自己面對、自己復原。

這樣的受傷就像是一種鍛鍊，是進一步成長的基礎。

但是，就像有些嚴重的病痛會持續一生，心理上重大的打擊也是如此。

特別是童年經驗，因為傷害發生時，當事人還是個無法獨立自主的孩子，發生很可怕的事情卻沒有人保護、自己隨時可能被傷害的衝擊，會讓一個人的心理防衛機制，從此變得像過度運轉的免疫系統，一直以來都在反向攻擊自身。

能夠知道自己的心靈有舊傷沒有痊癒，知道當自己突然陷入情緒低落、憂傷、過度反應、警戒和憤怒時，可能是負面童年經驗的影響，這是一個人了解自己、找回心理健康的重要起點，是很值得肯定的。

• • •

悲傷或痛苦不能表達，會侵蝕人的內心。

痛苦、憤怒、悲傷等等，其實是非常強烈的情感，在原生家庭裡受傷的孩子的內心痛苦，有時候會輕易地因為一個場景、事件、一個畫面而重現。

比方說在公園裡，看見有爸媽抱著受傷的孩子安慰，聽朋友說失戀時第一個找的人是媽媽，看見網友分享和樂融融的全家福，生病住院時，看見別人的父母，對孩子是那麼地關懷和擔心……

許多在別人眼中再尋常不過的家庭互動，對於從小沒有這種經驗的孩子來說，即使長大了，還是會引起內心一陣疼痛。

想到自己在脆弱的時候，根本也不敢跟爸爸媽媽講，講了只會更糟，會換來一頓打，或者是父母會說更難聽的話羞辱自己，那時內心就會湧現強烈的情緒。

為什麼別人都有會接住孩子脆弱時的父母而我沒有？我到底做錯了什麼？到底是多壞的孩子？

所有和父母相處時的傷心回憶和自我否定都會湧現上來。

又因為這個社會不允許孩子對父母有負面情緒，只要父母有養育孩子成人，發生過再糟糕的事情，孩子都必須做出感恩知足的樣子，所以在創傷浮現後的下一個念頭就是：不行，我不要再想了，再想也沒有用，我都已經這麼大了，何必要想起那些事情。

記憶閃回會變成是自己的錯，好像是自己不孝順、不成熟、才會跟父母斤斤計較，表現出來會受到更多譴責，所以這個壓抑一定要用上十足力氣，不能有一點破綻。

不能讓別人知道，自己其實是看見別人疼愛子女，就會感到心痛的孩子。

許多有童年陰影的人，就是費了這樣大的力氣在壓抑痛苦和傷心，情緒不能表現出來，反而會持續傷害他的身體和心靈。

要說出這些事情，不是因為說出來能改變過去，也不是想要指責父母，而是為了追求新的開始，把用於壓抑痛苦的能量轉移到其他地方。

為了讓過往的傷痕不再持續侵蝕自己，必須要先釋放內心深藏的感受，做一個允許自己悲傷和憤怒的人。

• • •

談到痛苦就會有人說：自己要懂得化解，活在世界上誰沒有痛苦呢？好像會感到痛苦的人就是自己不會想、不懂得自我開導一樣。

但是化解任何痛苦之前，都要先能夠表達，讓情緒真正獲得抒發，而一個能夠表達真實情感的環境，往往不是自己努力就可以得到的。

沒有被表達只是一直藏在心中的痛苦，可能會扭曲真實自我，把人變成自己也不想變成的樣子。

痛苦必須先釋放才有可能轉化，變成從此要對自己好、學習珍惜自己的決心。

也能讓自己產生一個念頭是：不希望別人經歷過和自己同樣的苦難，所以要學習對別人好，做一個不會那樣傷害他人的人。

曾經受過傷、承受痛苦的經驗，就像某一種知識，有些人，你在和他們相處時可以感覺得出來，他們是懂得痛苦所以溫柔的人。

但如果那份痛苦始終不為人知，當事人選擇壓抑，就會侵蝕一個人的內在，無法變成對人生的體會和學習。

不被允許說出，甚至連對自己都不能承認痛苦的人，最有可能持續受到這份痛苦的控制。

因為他在無意識中，還在死命地壓住要衝破防線的悲傷和憤怒，那份用錯了地方的努力會傷人傷己。

03

家庭裡的傷必須當成祕密，真實的自己也是

…

「你應該要快樂」，沒有比在忍受痛苦和悲傷時，還被別人這樣指責更讓人難受的了。

父母是每個人一生下來，第一個面對的重要他人，同時也建立了個人第一個「被他人評價」的標準，如果父母覺得這個孩子是不好的、不令人滿意的，而且這樣的負面評價不是對事而是對人，會讓這個孩子一生都在被「自己不是一個很好的人」的自我感覺折磨。

和原生家庭關係不睦的孩子，每個都是有秘密的人。

那個秘密就是他們受父母評價影響，內心深處覺得自己是不好的，甚至是破壞父母人生的罪人，那份自己生來有罪的意識，讓他們無法對自己產生信心，即使得到好的待遇，也覺得自己是不配的。

相信若是真實的自己被發現，一定會被排斥或討厭。

理由很簡單，因為他們的父母並不喜歡他們。

在這個總是說著「每個父母都疼愛孩子」的社會，知道自己不被父母喜歡和認同的孩子，當然會覺得自己一定是很壞、很糟糕的人。

這件事從一開始就傷害了他的自尊，讓他的自我評價是不合理的。

更糟糕的是，社會助長了一種「這是秘密」的氛圍。

受到父母不斷否定、在家裡不會被父母幫助、提出要求就會被嫌煩等等的事情，孩子都覺得「一定是我自己的問題，父母都是偏愛孩子的」，所以他就更不敢說。

說出來等於是讓別人知道自己有多差勁、多壞、才會連父母都拿不出那份「天性的愛」，這讓他們對自己感到羞恥。

他所受的傷變成了要努力隱藏的秘密，就更容易走向錯誤的方向，徒勞地想要變成「更好的人」。

單純被愛的孩子可以肯定自己的存在，相信自己只要存在就很好，因為他們的父母讓他們感覺到，自己在這世界上有人在乎、有人會因為自己的存在而喜悅。

相反地，不被愛的孩子認同了父母對自己的評價，覺得自己的存在給父母帶來負擔和困擾，活著就是欠債、就是有愧，自己沒有資格過得幸福。

無論父母再怎麼惡劣地對待孩子，甚至摧毀了孩子的自信，讓他們傷心，孩子都不被允許對父母生氣，這是社會看待家庭很違反人性的地方。

孩子不能說出自己被父母傷害了，甚至連在心裡想都不行，為了要守護父母的尊嚴，相信父母是不會錯的，他們只能扭曲自己的判斷。

這種扭曲的影響，絕不僅限於他當下的表現。

在習慣性地忽略孩子的心情，甚至是霸凌孩子的家庭裡，孩子為了要正常生活不得不麻痺自己的感受，長久下來會影響他的性格。

表面上看起來跟其他人沒什麼不一樣，也會有快樂的時候，但是無法承認痛苦的人也無法全心投入快樂，因為他在無意識中，要花很大的力氣去壓抑痛苦。

害怕被自己內心的陰影吞沒，也不想被責備不夠開朗正向、太悲觀，也不能說出自己其實在原生家庭遭遇過很多傷心的事，他們只能活出兩個不同的自己。

表現於外的一面越是陽光，內心無人看見的自己就越是陰鬱消沉。

形塑他們這種性格的陰影不是他們自己造成，也不是天生的性格，雖然人們總會有這樣的誤解，以為他們天生就愛鑽牛角尖。

任何人在還只是個什麼都不懂的孩子時，被父母那樣對待，不是忽視就是虐待，還不斷地以「是你不夠好」來自我合理化，都會產生那樣的心理陰影的。

有些父母巧妙地把自己的不愛，包裝成很愛，就像把自己的錯誤轉嫁到孩子身上一樣，孩子不被善待而感到不快樂時，還會被責備是不懂感恩、不夠知足。

「你應該要快樂」，沒有比在忍受痛苦和悲傷時，還被別人這樣指責更讓人難受的了。

但孩子卻會想要努力達到父母的要求，「做一個快樂的孩子」，因為想被父母和其他人接受。

自己真實的感受和外在不斷地告訴他們「你應該要有的感受」，落差實在太大了，去否定父母又等同於與社會為敵，孩子最後只能否定自己，懷抱著扭曲自我而產生的陰影努力活下去。

04

不被愛的孩子覺得自己不應該出生

……

家不是避風港而是必須努力保護自己的地方，
這種心情和經驗，
和別人聊起來都像某種背景調查。

被自己的父母討厭、排斥，甚至是怨恨，真的很多人知道那是什麼感覺嗎？不被愛的孩子都知道那是什麼感覺，但是不知道怎麼說出來。

因為自己出於天性去愛的人，卻從自己一出生就開始討厭自己、恨自己，為自己做的事都是勉為其難，這樣的事情說出來真的太痛苦，也太令人難堪了。就像在告訴別人自己有多差勁，多不可愛。

有時候父母還會說一些「如果不是因為你……我就可以……」之類的話，讓他們覺得，自己要是沒有出生就好了。

出於本能，孩子會想和父母有所聯繫，但是被這樣對待的孩子，他們和父母的聯繫是不平等的條件交換，父母生養他們、他們承受父母的抱怨、努力滿足父母需求，這種關係並不是溫暖的。

但是不被愛的孩子還是會像小狗一樣，無論被視為主人的爸媽踢過幾次，最後還是會哭著想要回去。

因為人在原生家庭中出生的這個事實，往往讓人更難以想像，離開父母身邊，像沒有家一樣的生活。

有一天他們真的不回去的時候，通常是發生了很嚴重的事情，有一部分的心已經死在那裡，只是另一部分走了出去。

因為心裡總有一個部分沒辦法用理性說服，對於那份得不到的、幻想中存在的親情特別執著，所以逼不得已要放棄的時候，其實是已經心碎、心死了。

但是會傷害孩子的父母，通常也不會祝福孩子的獨立，更不會認為孩子像逃走一樣的離開是自己造成，而是斥責他們忘恩負義，不順從父母的控制。

而這些孩子即使離開，內心的某個部分，還留在父母身邊受苦。

一天會無法控制地想起父母好幾次，心裡想他們一定非常討厭自己、生自己的氣、過去留下的傷痕隱隱作痛，不被愛的傷是不會好的。

但是必須把一部分的自己切割開來，讓某個足夠堅強的自己勇敢走出去，內心分裂，對另一個走不出去的孩子，狠下心來說現在不能和你在一起。

有些痛苦不自我解離就沒辦法承受，只能祈禱終有一天，能夠把分裂的自己重新整合起來。

而這個過程父母根本就不會想要了解，好像連試著理解都會傷害他們的自我感覺，而他們的自我感覺就是如此優先，根本無法看見孩子的真實存在，只看見自己想看見的樣子。

孩子如果不是他們想要的樣子，他們就不要了。

• • •

和原生家庭關係不睦，是一種孤獨感特別強烈的痛苦。

工作不順、人際關係受挫、失去健康……別的痛苦都好像能夠得到某種程度的理解和共感，但在和父母的關係中受傷的孩子，說出自己的痛苦時，卻常會被誤解和二度傷害。

甚至還會被責備，被說「你才是那個應該要反省和負責的人」。

好像完全忽略了在親子關係中很長一段時間，孩子就只是個孩子而已。

年幼時沒有經營人際關係的知識和能力，等他長大了、懂得這些事情之後，要克服長輩看待孩子時，那種永遠都是上下關係的障礙又是多麼困難。

明明每個人都知道改變別人是困難的事，也知道世界上有些人就是無法溝通，但如果話題中的人是父母，人們又會認為，孩子要改變他們、和他們好好溝通應該會很簡單。

說這種話的人是自己擁有這樣的父母，把自己的經驗看成普世性的，實際上，擁有只要努力就可以互相理解，或者是即使不能理解也能互相尊重的家庭關係，是非常難得的。

但卻因為這樣的個人經驗符合社會迷思，生在幸福家庭的人說話總是比較大聲，生在父母不懂愛，沒有意願也沒有能力去愛的家庭裡的孩子，就更孤單無助了。

許多人並不了解，家庭之間的落差並不限於經濟資源的差異，父母懂愛、懂尊重，能夠去愛孩子的意願和能力，所謂的情感資源，每個家庭都是不同的。

在父母情緒經常失控、無故攻擊孩子的家庭裡成長的孩子，他的日常生活，就不是在一般家庭成長的人可以想像。

家不是避風港而是必須努力保護自己的地方，這種心情和經驗，和別人聊起來都像某種背景調查。

被父母虐待的孩子，說起自己在家被無故攻擊的經驗，有類似經驗的人的反應是毫不驚訝，而沒有這種經驗、被父母善待的人，會露出「原來身邊就有這種事情嗎？」的驚訝表情。

然後也會開始懷疑，說話者是不是一個很特殊的人，因為他們有「特殊的」家庭、特殊的成長經驗，也許他很怪、遺傳到父母的暴力或冷漠的特質、也許他現在的溫和都是假象……就這樣把負面標籤偷偷地貼在對方身上。

在原生家庭受過傷的孩子有時還會被當成危險人物，因此就更不敢說了。

05

比起認同孩子，社會更常要求孩子去認同父母

不應該用「你的爸媽是因為……才這樣對你」這種話，要求孩子去理解和原諒。

——原來爸媽會那樣對我，是因為他們以前也受過傷害。

這是討論親子關係時常見的說法，孩子也會因為認同這句話，沒有辦法單純地為自己的遭遇傷心，也沒辦法接受無法原諒父母的自己。

加害者確實有可能是過去的受害者，但是在現在的事件當中，他仍然是加害者不是嗎？

為什麼社會能認同，父母用自己過往的不幸，合理化自己對孩子造成的不幸呢？

我們不會因為一個人小時候受過霸凌，就允許他長大後霸凌別人。

但是被父母霸凌的孩子必須承受道德壓力，要去理解父母的問題是怎麼形成，還必須寬容父母。

也有人說，要孩子理解和寬容，是「為了孩子好」。

一直沉浸在受害者情節當中，很不快樂不是嗎？過去的事情都不能改變了，釋懷、放下，和家人重修舊好不是比較好嗎？

先不說在沒有得到任何的彌補或感受到對方的悔意之前，人有沒有辦法做到釋懷。即使真的努力放下過去，「我原諒傷害我的人」和「我受的傷復原了」，徹底是兩件事。

人們只想看見原諒和解，無視當事人承受的內心痛苦，這種理解和原諒與其說是為了當事人好，不如說滿足觀眾，對於「家就是一個講情的地方、不是講理的地方」的美好幻想。

傷害所造成的關係中的裂痕，和受害者因此覺得自己不值得被愛的內心陰影，甚至是創傷後壓力症候群，這些對個人身心的破壞，不會因為他努力諒解而得到療癒。

覺得原生家庭裡的傷，只要受傷的人原諒和解就好。這種看法就是是非不分，把父母和孩子之間，因為地位不平等而存在的壓迫，用理解、原諒、愛等等美好的修辭加以包裝。

「父母也曾經是受害者，你就原諒他們吧。」

被這樣說的孩子其實沒有不原諒的權力，可以想像一旦他拒絕，無論是否因為心有餘而力不足，他都會被指責是不夠寬容、愛計較、不感恩，連父母的「無心之過」都不肯原諒的人了。

所有的負面評價都會是他在承受，沒有人會覺得事情變成這樣，是因為父母一開始就做了很過分、實在是難以原諒的事情。

心理學家加藤諦三曾說：親切、與人為善這些行為，應隨著不同情況而有不同解釋。

也就是說所謂的道德規範，也是要看人、看情況來加以遵守。

像是對人的寬容、包容、理解之後的諒解，這些美德如果是被強迫去做，就不是美德，而是對受害者的一種霸凌。

在受害者和加害者之間的關係並不平等的情況下，孩子其實沒有不原諒的選項，想脫離讓自己受傷的關係也得不到支持。

原諒與否應該是自然的發展，而不是礙於社會壓力所做的決定。

了解自己的過去，也包括父母的過去，是為了要確保自己，能夠不再用父母內建在自己心裡的思維模式，傷害自己或他人，包括自己的孩子。

換言之是為了改變自己，避免傷害擴大，也終止代間複製。

表面上的和解無法解決任何問題，傷害沒有被理解、被治癒之前，都有可能引發漣漪效應，所以不應該用「你的爸媽是因為……才這樣對你」這種話，要求孩子去理解和原諒。

孩子應該把了解自己視為優先，而不是優先維護父母「被原諒的特權」。

父母也應該要盡責任了解自己，如果他們是真心承認了自己的錯誤，希望能夠修正，對已經被破壞的關係做出彌補。

人不能代替別人去做探索心靈、改變自己的工作，只有自己想做並且付出努力，才能夠做到成長。

身為受傷的一方還被要求理解對方的過去，很容易變成為對方的行為辯護，自己的痛苦都未必能得到安慰，這麼做只會讓人更感孤獨。

無法原諒父母，又會產生不必要的罪惡感，因為有些父母的作爲，是即使知道了背後原因，也不應該被原諒的。

人們要求孩子去理解和寬恕那些有病態型人格或價值觀偏差的父母，對他們的傷害和錯待。

好像從來都不去思考，父母都是成年人了，也該為自己的行為負責。

總是說些「他畢竟是你的父母」、「他們都已經這麼大年紀就不會改變了」這種話，那麼父母究竟要到哪一天才能夠作為一個成人，對自己在親子關係裡做的事情負責呢？

孩子小時候為了生存而默默忍耐，長大後又被說「你是大人了要更會忍耐」，一直把父母當成不成熟的孩子來包容，人們說這就是孝順，是一種美德。

但是孩子自己也變得扭曲或麻木，再把這樣的創傷複製到自己的孩子身上。

像這樣不能帶來好結果的美德，還能算是美德嗎？

有些父母在面對孩子時，展現的是自己最壞的一面，是他們的朋友同事無法想像的程度。

對孩子說難聽的話、擺出諷刺的態度、嘲笑、操弄、說謊或者是貶低，還有父母認為孩子一輩子都是自己的所有物，用情緒勒索的方式讓孩子苦不堪言。

但社會又要求他們的孩子「不要計較」，其實就是放任。

儘管旁人說起包容像是一次性的事件，好像只要孩子這次不要計較，從此就能退一步海闊天空。

但結果會是相反。因為親子關係就跟其他人際關係一樣，當面對的是不尊重、控制狂、將一切錯誤都歸咎他人的那種人，其他人只要包容過一次，接下來就會沒完沒了。

退一步對方就得寸進尺，要再把界線拉回來，重新定義互相尊重、互不干涉的範圍，只會變得更加困難。

從原本只是性格不成熟的人，到家庭裡消耗最多能量，不為自己的人生負責、在關係中任性妄為的人，就是這樣養成的。

06

心靈的傷，因為社會的否定而惡化了

⋮

勇敢承認內心一直不敢承認的痛苦和悲傷，是為了接下來的人生。

人們缺乏對「看不見的事情」的重視，也沒有「社會新聞中的事情可能就近在身邊」的敏感度，所以只要看到孩子身體沒有外傷，他可能有的心靈的傷，就很少人能夠想像。

而這種忽略，又可能讓心靈的傷更難治癒，還會引起一連串的連鎖反應。家庭裡的傷，起因往往是父母傷害了孩子，但是讓事件持續惡化的，是孩子的傷沒有人發現，求助時沒有人相信。

即使少數人相信，孩子還是有可能很無助，因為這個社會非常強調：孩子是父母的事情，不要去管別人怎麼帶小孩。

所以作為一個孩子在原生家庭裡要怎麼生活，幾乎是別無選擇的。

當他的父母無視他的心情、不在乎、甚至是貶低他的痛苦，他沒有辦法離開這個家自立，對外人訴說也得不到支持。

只能讓自己習慣被忽視，也訓練自己對自己的真實感受麻木，只有這樣才不會因為父母和他人的冷漠，一次又一次地感到受傷。

這樣長大的孩子，要重新長成一個懂得愛自己、珍惜自己的人，首先要去意識到自己有自我麻木的習慣，還有自己會無意識地配合他人。

這很不容易，因為麻木已經變成一種生存方式，配合也變成一種本能，當別人很容易感覺到自己是快樂的或痛苦的，他們的感受卻很遲鈍，時常只是覺得悶悶的，有點憂鬱，好像快樂不起來的感覺。

他們也可能不會想要積極改變，因為已經習慣了對自己說：「沒什麼、我沒事、這還好」，反而更害怕如果揭開這些謊言，直視真實的自我，長期被忽視的悲傷和痛苦會有多麼強烈。

逃避悲傷的人也會切斷自己和快樂的聯繫，後來就會覺得茫茫然，好像不知道自己為什麼活著，沒有求生的能量，生活只是日復一日，好像重複著不被在乎、也不被了解的寂寞和痛苦。

⋯

如果你有這種空虛的感覺，要提醒自己：原生家庭裡的生存方式，是當時不能選的。

所以從那時建立起來的生存模式，即使為現在的你帶來痛苦，也請不要責怪自己。

只是為了要重新再活一次、找回生存的活力和能量時，必須做出選擇，不要再用「我沒事」來麻痺自己。

勇敢承認內心一直不敢承認的痛苦和悲傷。

這是為了接下來的人生。

不要讓自己在無意識當中，就像口頭禪一樣地對自己說著：算了啦，反正也沒有別的辦法，反正也不能改變，活著就只能這樣子而已。

這樣自我說服也是過去養成的習慣。要自我提醒，現在的你，可以不用再做自我催眠和說服這樣的事。

內心深處其實感受得到被忽略和傷害的痛苦，身體和心靈都沒有辦法就這麼算了，不是要向誰究責，只是要從過去的陰影中走出，就必須先看見陰影中的自己。

人就算可以在意識上面自我催眠、壓抑自己不去想起痛苦回憶，痛苦的感受卻會變成潛意識，像夢魘一樣糾纏在日常生活的每個面向。

自認為切斷了和痛苦的聯繫，只會更進一步深化這樣的痛苦而已。

07

不被承認但確實存在的父母霸凌

…

預設父母的行為都是教養的一環，就會忽視有些行為其實並沒有良善的意義。

有些人只要聽到孩子因為不被愛而受傷，就會非常篤定地說「父母都是為孩子好的、都是愛的，只是觀念不同」。

只因為是父母，就被認為所有的行為背後都沒有惡意。

這份篤信到底是哪裡來的呢？

即使眼前的人訴說的，是父母也難以自圓其說的言行，甚至是擺在不同角色關係裡，絕對會被認同這就是霸凌的行為，仍然有很多人對這樣的事實視而不見，堅持「父母對孩子做的一切都是出於愛，感受不到愛，一定是孩子誤會了。」

也讓孩子自我懷疑，難道我不應該相信我的感覺嗎？每個人都會在愛裡，感覺到這種程度的恐懼和孤獨嗎？

最難承受的是孤獨，沒有人想要理解自己，因為太多人是不假思索地相信：都是愛，沒有父母會不愛孩子。

他們甚至不會試著理解「為什麼這個孩子的感覺並不一樣」，也沒有興趣知道，就是那樣強烈地相信，自己比當事人更了解他們的親子關係，更清楚知道他們經歷過什麼，更有資格對這段經歷做出評斷。

關於親子關係，其實有很多的社會迷思，其中一項就是：只要是父母的言行都是教養。

只分成好的教養和比較不好的教養，也因為「教養的出發點總是好的」，當父母的作法有明顯問題、產生不良後果的時候，人們還是會用「出發點總是好的，只是方法不對」來美化現實。

身體上的虐待，會被說「只是不小心太過嚴厲」；言語、態度上的羞辱，會被說是「求好心切」，總之要說父母只是「不懂得怎麼對待孩子」，卻忽略這些父母其實在外面都能夠表現得很正常，懂得尊重，並且不會輕易地攻擊或傷害他人。

他們對孩子的不同待遇不是因為「不懂」，而是因為面對孩子時，他們覺得沒有必要遵守社會規範，不把孩子當成獨立而且必須被尊重的人而已。

在親子關係當中，教養只是一部分而非全部，有些行為並不是教養，只是相處，就是他們對待孩子的方式。

打個比方，有些父母因為自己心情不好，說孩子看了就討厭，孩子愣住，就被說「你擺那什麼臉色」，抓過來就是兩巴掌。

這難道能說是一種教養、出於好意、父母只是不懂怎麼做會更好嗎？教養的目的是培養孩子成為能夠獨立自主的成人，但是任意打罵對孩子的獨立沒有幫助，只是在踐踏他的尊嚴而已。

預設父母的行為都是教養的一環，就會忽視有些行為其實並沒有良善的意義。

父母對孩子影響深遠的不只是教養，還有個人的言行態度和品行，孩子在判斷力不足的情況下，遇到父母有不當行為，周遭的人卻總是說「父母只是不懂得教養，總是為你好的」，對他會有什麼樣的影響呢？

有些行為客觀看起來，就只是父母在霸凌孩子而已。

⋯

在一般的人際關係裡，霸凌只要發生過一次兩次，受害者就會知道，不能再相信這個人。

不能相信這個人不會傷害自己、利用自己，無論是有心還是無意。如果想從關係中撤退，或者至少把信任收回，也都能獲得他人的支持。但是如果是在親子關係中，做出霸凌的人是父母，而你是那個被霸凌的孩子，你就會聽到很多人說：霸凌不存在，你要相信他，他對你做的事情都出於好意。

甚至你的內心都會一直有這樣的聲音：他是你的父母，你應該要相信他，不管發生什麼事情。

就是這種拉扯讓人覺得痛苦。

你明明就覺得，這個人對你的傷害就是那麼嚴重，理智上判斷這個人沒有辦法信任，如果你要保護自己就要小心。

你的理智不會被認可，在感性上也覺得受傷，受傷又不能說，這個社會主流的倫理道德原則，都在說孩子應該無條件相信自己的父母。

不相信父母的孩子是壞孩子，一個好孩子應該和他的父母親近，信任並肯定父母。

被父母傷害的孩子活在自相矛盾中，不可能承認自己對父母的質疑，但質疑的感覺卻依然存在，無法說服自己消除對父母的不信任感，內心深處認為自己是壞孩子。

這種感覺好像是社會裡的異鄉人，有著不能告訴其他人的身分，被發現就會被當成罪犯，明明是父母傷害自己，卻是自己必須要躲躲藏藏。

沒有經驗過的人恐怕難以想像吧，這些孩子在社會上，是多麼努力在偽裝和自我說服。

勉強自己去相信難以相信的人，是感情和心力的不斷內耗，也會扭曲真實的自我。

有些孩子一直在對自己說：我無條件相信父母。就算真的有什麼不好的事情，也是因為我不懂事，誤解父母的好意。

在努力說服自己父母是值得相信的人的時候，對於其實不這麼想的自己，也同時做出譴責。

這讓他們動輒陷入自我厭惡，甚至用無意識的自我放棄來自我懲罰。

父母對孩子的傷害是有延續性的。

即使每個事件看起來都是一次性的、當下的事件，但是在精神上，孩子會因為無法承認有過傷害，不斷譴責從那之後就無法信任父母的自己，他的自我價值感、判斷誰可以信任的能力，都還在因為這次的傷害而持續受到破壞。

治不好的傷，會從內在侵蝕這個人。

08

當父母把生養孩子看成投資

……

真正的愛是關心對方的快樂和健康，而不是只看見自己的期望。

有些父母對孩子的態度並不是愛，而是投資，愛對方意味著為對方的幸福著想，對方快樂自己也能感到幸福。但是，只是在投資對方、投資這段關係的人，想的是自己付出之後能得到什麼，付出本身並不是快樂的事。

對抱著投資心態的父母來說，快樂來自於孩子暫時符合了他們的期待，或許是成績，或許是聽話、可愛、帶出去有面子，這些都讓父母覺得自己的投資是「有回報的」。

因為父母的這種態度，孩子也會以為滿足對方期待，就是對愛的回報。

但是這樣看待親子關係的父母，無論他們有沒有自覺，最終會對孩子失望。不一定是孩子真的做了什麼嚴重的背叛，或者是讓他們投資失利，當然這兩種情況也會讓父母大發雷霆，但即使孩子沒有做什麼，父母也還是會失望的。

因為投資這種事情，想要的收益沒有上限，投資者總是一度滿足了又很快變成不滿足，孩子達成一項目標，父母又很快地覺得下一個目標才是該努力的，最後總是不滿，因為很少人會覺得，自己的投資「能得到這樣就很好了」。

孩子無法達到父母期待也會有罪惡感，被父母再三強調「我為你付出了這麼多」，也會愧疚。

但因為父母從來不願意同理他們，對他們的辛苦也從未有過不捨，誰會心疼自己的投資標的呢？

孩子在內心深處，也會因為看穿了父母的動機，無法對父母產生信任。——爸媽只是希望我能回報更多，其實根本不在乎我是怎樣的吧。

人雖然不是生下來就懂得如何真實地愛人，只能說有發展愛的潛能，但是辨別自己是否真實被愛的那種直覺的判準，卻是意外地內建在心裡。

即使一直被父母說「這就是愛」、我們期待你是因為愛你、你愛父母就應該做出回報。孩子的心裡，還是會覺得這樣的愛有些不對勁，學到投資這個詞之後，就會察覺父母所謂的愛，只是以愛為名的投資吧。

・・・

對於什麼是愛、什麼不是的判斷，不只是用於別人對待自己的時候，也應該用於檢視自己的心態，了解自己究竟有沒有誠實地對待別人，特別是孩子。

如果你是在孩子痛苦時會感到難受，想為他做些什麼，察覺孩子的痛苦是因為自己會感到愧疚、後悔的那種父母，這種與孩子的共感，和真實的愛比較接近。

但有些父母沒有這種共感能力或意願，看待孩子就是投資，只希望孩子能帶來很多好處，但自己需要付出的「成本」越低越好。

所以看見孩子痛苦他們不會心疼，只覺得麻煩，孩子渴望的關懷對他們來說，就像投資一部分之後又被要求追加預算，只是更令人不耐。

這類父母總是把「已經對你夠好了」掛在嘴邊，意思就是「不要再來煩我」，讓孩子衣食無缺就覺得自己是很好的父母，認為孩子應該以世俗成就作為回報。

對投資標的的付出，無論付出再多，都不能說是一種愛的。

因為付出時想的是回饋，評價對方，還有評價這段關係的標準，都是「我能得到多少回報」。

很少父母會承認自己對孩子有投資心態，但還是可以從他們對孩子的抱怨看出端倪。

真心愛孩子的人，看見孩子快樂就會覺得高興，最痛苦的是當孩子受苦，自己卻無能為力。

相反地，投資型的父母總是在計較為孩子所做的付出，孩子一個讓他們不滿意，他們就像債權人在討債一樣，要孩子把他們這些年的辛苦「還來」。

孩子受到挫折、感到痛苦的時候他們沒有感同身受，雖然外人看起來好像也是在擔心，但是他們擔心的其實是，孩子如果沒有振作起來，自己的投資就不能回收了。

投資型父母只關心自己看重的事情，孩子還小時看他們的成績，長大後是看薪資頭銜，和自己想要他們配合、做出回報的地方。

明明對孩子的性格和真實想法完全不在乎，只接受不惹麻煩、溫順又聽話的孩子，卻自認為對孩子很了解又很關心。

情感上的付出沒有明確可見的回報，本來就不在他們的預算規劃以內，所以他們或許可以花很多錢讓孩子去補習、學習才藝，做那些會有明顯成果的事情，卻吝嗇於摸摸孩子的頭、關心他們的感受和想法。

對投資標的沒有感情，即使他們沒有自覺，還可能反過來認為，自己該付錢時都有付錢，還每天緊盯孩子的課業，就已經是關心，付出很多了。

但感情上的照顧和關懷，卻是一個孩子成長的真正所需。

這樣的孩子受到的虐待因此並不明顯，甚至在外人看來，他們都是出生於好的家庭，父母很願意給予物質和教育上的資源，但是不被當成一個人，而是當成投資標的來看待的痛苦，是外人看不見的。

在這樣的家庭裡，問起孩子發生過什麼事情，過去和現在，又有什麼困難或痛苦壓力，除了課業相關的事情以外，父母什麼都不知道，也不在乎。

特別是成績優秀的孩子，只要他們的成績曲線沒有起伏，始終名列前茅，父母就會擅自認為這孩子過得順遂，自己做父母做得很好。

但成績是一個人的全部嗎？才藝、課業，父母盡力栽培孩子，就表示很關心他、很愛他嗎？

有些孩子就是這樣，自己走過霸凌、性騷擾、約會暴力、人際關係的困擾，甚至好幾次想要登出人生的痛苦。父母都像同住一個屋簷下的陌生人，只是會督促自己快去念書、將來找好工作賺大錢的老師或教練。

孩子也知道只有成績可以引起父母的關注，因為父母並不在乎他們的心情，對成績的肯定，都變成是和愛最相似的好意。

這就讓成績優秀的孩子更是埋頭追求成績，而成績不好的孩子，被父母看成投資失利時，很有可能就自暴自棄，覺得自己是沒有價值的人了。

想從投資型的父母那裡得到愛，注定是要失望的。

真正的愛是關心對方的快樂和健康，而不是只看見自己的期望。父母雙方如果這樣對待彼此，只關心對方賺多少錢、要給自己多少，沒有真實的情感交流，可能也會覺得對方不是合格的伴侶。

但是當對待孩子時，卻覺得自己供吃供住，還有教育上的栽培，已經是非常棒的父母了。

情感忽視就是這樣不容易被發現，也不被承認的傷。

09

當孩子變成父母滿足虛榮、勾心鬥角的工具

⋮

身在稱不上避風港的地方，這些孩子其實從一出生就已經是「出社會」了。

每個人對於什麼事情嚴重，判斷的標準不同，但是觀察某些父母可以知道，對他們來說，事情只有讓他們覺得沒面子時才叫做嚴重。

孩子在外面受到傷害，感情或事業遇到了挫折，這些事情對於他們的父母來說都是小事，有可能還會落井下石。

如果想要訴苦或者求助，這樣的父母不是適合的對象，孩子只能把痛苦和壓力藏在心裡，自己努力振作。

但是，雖然這類父母平常不太關心孩子，還是有些事情會引起他們的注意，就是他們覺得丟臉的時候。

比方說孩子原本要結婚卻瀕臨破局，或者是離婚後想要搬回家裡，又或者想要退出原本的職場，換到不是那麼有名的公司，這些事情都可能會讓爸媽生氣——你做這些，要讓別人怎麼看我。

他們覺得只要兒女沒有功成名就，或者沒有走在社會既定的道路上，成家立業、結婚生子，說出去就會變成別人茶餘飯後的話題。

兒女沒有讓他們被人羨慕，已經被他們認為是「不孝」，如果還讓他們覺得丟臉，就更是一種罪過。所以他們會阻止孩子去做自己想做，但他們覺得不夠光彩的事情。

文化上的差異，很難判斷這是不是亞洲獨有的現象，面子似乎是許多家長最看重的事情，也是他們評價兒女究竟有沒有「盡孝」的依據。

做給別人看，為了得到讚美並滿足虛榮，身在其中的人的真實感受，都變得沒那麼重要了。

孩子擁有這樣的父母，也很難感受到自己被父母重視，對於人生究竟該做什麼樣的選擇，重要的是「看起來好」還是真的感覺幸福，也很難不產生迷惘。

面子的重要性超過實質，就會有家人間明明感情不好，逢年過節卻非得團聚給別人看的壓力，或者是家族裡的弱勢其實在承受痛苦，卻又為了維持家庭的完美形象，不能把痛苦表現出來。

親密關係或親子關係都一樣，只要有一方把面子看得比什麼都重要、要其他人無論如何都得配合演出，就會破壞關係裡原本應該有的，同時也是最珍貴的，人與人之間真實的感情。

有些人把維護面子想得很簡單，就會說「爸爸媽媽只是好面子嘛，你就做做樣子，讓他們高興一下就好」。

但實際上面子是比較出來的，好面子的人通常是以和他人比較的結果，來衡量自己是否過得「有面子」，所以無論其他人再怎麼努力，還是不可能滿足這種需求。

追求面子是沒完沒了，還不斷提升難度的任務。

・・・

除了利用孩子滿足虛榮，也有人用小孩來維繫婚姻，或者讓小孩在家裡選邊站，讓自己多一個可以威脅別人、提升家庭地位的籌碼。

雖然也有人相信，父母絕對不會傷害和利用自己的小孩，但這種想法只透露出個人經驗的侷限，不是觀察社會現實所導出的結論吧。

有父母會利用自己出更多教養費的事實，主張一旦離婚，對方只能放棄小孩的監護權，以此來威脅對方，也有父母會拉攏孩子，對著孩子說「你看爸爸／媽媽有多壞，我才是對你最好的那個人」，或者也有可能拿他出氣，說「你跟你爸／媽一模一樣，看了就討厭」，當然更常見的是一下好一下壞，就看父母當下的心情。

也有父母會利用小孩收集情報，要他負責監視另一半，小孩出門回來就問：「你爸／媽帶你去哪裡？還有誰在？」甚至帶著小孩去跟別人約會，回來警告孩子絕對不許說，讓孩子深陷說與不說都是背叛父母一方的恐懼和罪惡感……

人際關係會發生的事情，親子關係也有可能發生，有時還會有其他親戚和手足的參與讓情況更加複雜，小孩卻只是更加孤立無援。

父母如果沒有自己是成人，無論是和伴侶的衝突還是家族中的對立，都不應該利用小孩，應該要保護小孩的這種責任感和意識，生活在這種環境中的孩子，他從小就是無所適從的。

他在大人的權力鬥爭中團團轉，有時只是爸媽吵架時安慰或傾聽了其中一方，他就變成另一方的敵人，但是當他們和好時，他又變成兩個人都討厭的孩子。

怎麼做都得不到穩定的父愛和母愛。

明明是自己的家卻要小心翼翼地看人臉色，觀察父母要他扮演的角色以確保自己有棲身之所，只能羨慕其他正常家庭的孩子，可以向父母撒嬌、得到父母的關懷和安慰。

身在絕對稱不上避風港的地方，這些孩子其實從一出生就已經是「出社會」了，被自己所愛的人利用、感情被忽視，又必須努力讓自己有利用價值。

大人只關注自己的勾心鬥角，就會忽視孩子的無助和痛苦。

10

習慣為別人付出，卻不懂得照顧自己

⋯

成長於情感缺失的家庭的孩子，
他們在對人溫柔的同時，
對自己其實並不是那麼溫柔的。

「個性纖細，在家庭功能不夠健全的情況下成長的人，是很難從外在分辨出來的。笑容很溫柔、有社交能力，也很可靠，乍看之下是在幸福家庭中成長與煩惱無緣的人。但那正是從過去的痛苦中學到的堅強偽裝，希望被別人認為是重要的人，無意識地做出其他人追求的形象。」

在網路上看到這段話，有想哭的衝動，但這段話也可能會被誤解，好像在說原生家庭功能不健全的人，對別人的好都是假的。

但不是那個意思，是需要進一步解釋的一段文字。

在某些功能失常、特別是情感缺失的家庭裡的孩子，很少感受到自己的存在價值，父母對他們的好總是有條件的。

所以他們特別沒有「做自己就好」的安全感。

總是無意識就會去觀察別人的需要，想著必須要提供別人什麼。

所以他們可能會特別溫柔、特別願意為人付出，但不是為了付出本身的快樂，而是害怕無法付出的自己，對別人來說就「沒有用了」。

而當中也有些人，是因為自己沒有被父母溫柔對待，所以更努力提醒自己要溫柔地對待別人。

必須讓自己變得有用的念頭，還有對截然不同的相處方式的嚮往，融合在一起形成了他們對人的態度，如第一段文字所說的：是第一眼看不出在原生家庭受過很多傷的人。

人們總以為在原生家庭裡心靈受到創傷，會讓人變得憤世嫉俗，以為那樣的人一定會社會適應不良，但是人會怎麼表現出自己受過的傷，每個人都是不同的。

心思細膩的人，可能更不會表現得像是一眼就能夠知道有過某種創傷的人，反而更像是可以去照顧別人的創傷，而自己習慣默默舔舐傷口，不會向別人坦承困難或求助。

他們在心裡築了一道牆，不讓外人看見自己真實的沮喪，即使能夠付出，也不太懂得如何向別人敞開心門。

信任別人，可能會被背叛不是嗎？雖然他們可能沒有自覺到，自己是對人性悲觀的人，但就因為原本應該最愛他們、最關懷他們的父母讓他們感受到被背叛，他們從此對人抱持著悲觀的看法。

習慣付出而不習慣獲得，覺得得到了什麼就一定會失去，不懂得與人相處要有來有往，懷疑自己「或許根本不配別人的好」，讓他們有時又顯得冷漠，與他人保持距離。

拿捏不到和別人相處適當的界線，也習慣隱藏自己真實的情感，成長於情感缺失的家庭的孩子，他們在對人溫柔的同時，對自己其實並不是那麼溫柔的。

• • •

在家庭裡被父母虐待的孩子，無論是肉體還是精神上的虐待，對痛苦的感覺可能會很遲鈍。

因為不想承認父母造成了自己的痛苦，也害怕如果對父母心懷不滿，就表示自己是壞孩子。

不只是已經疲於去感受，也是為了壓抑自己對於傷害自己的人，自然會有的那種憤怒和傷心，他們把自己感受痛苦的神經切斷了。

人這種生物，是有保護自己的本能的。

如果被別人用不好的方式對待，自然會對那個人感到生氣、傷心，這種情緒就是在提醒自己，要遠離會傷害自己的對象。

但是在家裡被父母錯待的孩子，因為沒有辦法和父母保持距離，反而會懷疑自己是不是很壞，才會對父母產生敵意。

情緒沒辦法爆發出來，甚至也不能對自己承認，就只能努力壓抑，盡可能讓自己對痛苦變得遲鈍，以免對父母產生不滿。

但他們還是會悶悶不樂，也會突然感到憂傷，因為沒辦法放心感受真實的自我，有時會有不知道自己在想什麼、有什麼感覺，那種整個人好像飄飄的、沒有腳踏實地的虛無感。

父母對他們的態度不夠珍惜，又總是指責他們不夠好，沒有讓父母滿意，也讓他們覺得自己並不值得被好好對待，長大以後遇見別人對他們好，內心反而會因此不安。

快樂和幸福感消失的時候，和一般人一樣會覺得難過，卻也會覺得鬆一口氣，因為在內心深處覺得自己不配，自己的付出好像跟對方的好並不對等，習慣了父母對他們的好總是條件交換，他們也就隨時在注意，自己能不能和別人交換什麼。

要走出父母的否定，重新長成一個能夠快樂，也相信自己有資格快樂的人，最難的就是要回到最初的源頭，把感受痛苦的神經接回來。

因為人沒有辦法只選擇一種情緒而排除掉另外一種，要能夠感受到幸福快樂，就要承認不幸和痛苦確實存在。

回溯童年不被愛的經驗，承認自己因為感受不到父母的愛、被冷落或虐待，已經對父母產生了敵意。

不要因此覺得自己是壞孩子，人在最脆弱無力的時候不被信任的人善待，會感到憤怒和傷心是正常的。

從小被父母忽視的孩子，不只是習慣了別人忽視自己，自己也會忽視自己。在必須做出選擇時，總是無意識地思考「別人希望我怎麼做」，把自己的需求放在最後，讓自己過得匱乏。

要改變這個習慣就要有意識地去練習，從小事到大事都是如此，做決定的時候，先問問自己如果可以什麼都不管，現場也沒有其他人，自己究竟想要什麼。

很多人因為從小被父母訓練，在家庭裡做聽話又順從的孩子，已經習慣了不去想自己想要什麼，只是被動地配合別人。

所以在練習時要從小事開始，哪怕是小至晚餐想要吃什麼這樣瑣碎的事情，都要認真地去想，自己的答案真的是「自己想要」的嗎？

還是已經在腦中進行過假想的會議，想像自己提出的會被否決，無意識重演被忽視的童年經驗，主動揣摩別人的想法，一開始就是在別人設定可以的範圍裡做選擇了。

這樣的練習，不是在否定體貼別人、彼此退讓和相互妥協的價值，而是要改掉忽略自己的習慣，重新建立與人相處的界線和內外的平衡，就是愛自己。

11

不要因為付出得不到肯定，就覺得自己不夠好

⋮

為了自己而努力的人神情都很踏實，
為了讓父母高興而努力的人，
就總是有種不知為何而忙的虛無感。

為家庭付出的人時常會有這種感覺，覺得自己好像怎麼付出都不夠，都被家人視為理所當然，甚至對方對你的要求還一直增加，對你的付出多有批評。

當你提出不公平時對方說你在抱怨、愛計較，看到別的家人不會被這樣對待，你也會覺得委屈。

但是在內心深處，你可能也會因此懷疑，自己是不是真的不夠好，產生了「下次我要更努力，讓他們沒話說」的心態吧。

所以才會即使委屈也無法停止。

因為人總是會覺得不甘心，明知道標準是不合理的，甚至是浮動的，但是只要乍看之下有標準存在，就會莫名其妙地燃起勝負欲，連自己也拿不公平的標準苛求自己。

先這樣告訴自己吧，其實你比你自己以為的還要努力，你真的已經很努力了。

只是有時再怎麼努力也沒用，人際關係就是這樣充滿主觀的好惡、不理性的判斷，不是你客觀上做到多少，就能夠得到公平的回應。

希望態度不公平的人能夠突然對你公平、從來不感謝你的人能夠突然懂得感謝、不愛你的人突然產生對你的愛意……

這些都是與你的努力無關，只有對方才能決定的事情。

但不要因此自我否定，也不要要求自己「要更努力」，對於那些無法實現的與他人有關的願望，把你的注意力從那上面收回，重新學習關注自己。

在你想要付出更多好讓他們心服口服的時候，停下來問問自己：如果那些時間和心力不花在滿足對方，也不再追求得到對方的肯定，那你想如何運用那些資源，想為自己做些什麼呢？

• • •

孩子很健康就很幸運、孩子能獨立就很棒、孩子不讓我操心就好……有些父母能這樣想，但有些父母不會，一直覺得「孩子還不夠好」，孩子也就始終無法自我肯定。

為了自己而努力的人神情都很踏實，為了讓父母高興而努力的人，就總是有種不知為何而忙的虛無感。

隨時覺得自己不夠好、沒有資格放鬆，即使以客觀標準來說，他們其實都已經很努力了，卻沒有辦法放心的肯定自己是個「夠努力」的人。

因為評價的標準不在他們自己心中，而是在於他們的父母，即使長大之後父母不在身邊，他們內心還是依然存在著，那個永遠無法滿足，做到一件事就會要求他們做另外一件事的父母。

所以他們努力的目標只有一個：希望有一天能讓父母滿意、讓父母肯定他的存在價值。

但父母如果是從不讚美孩子的人，或者是控制狂、永不滿足的父母，那他們的願望是不會實現的，無論是現實中的父母，或者是存在於他們心中，已經內化了的內在父母，都一樣不會給予自己想要的肯定。

這份努力也就永遠看不到盡頭，沒有終於達成目標，可以好好讚美和肯定自己的時候了。

你為了誰而那麼努力呢？覺得辛苦的時候，一定要問問自己。

這並不是在說為別人努力是不對的，只要是人，就會有需要為別人努力的時候，但是必須要先理解自己，找到自己那麼努力的意義。

12

被情感忽視，孩子就會否定自己的存在價值

⋮

父母只有幫助孩子建立安全感和自信心，才有可能培養出坦率的孩子。

雖然現在流行的說法是，人要學習自我肯定，不要依賴他人的評價，但是在一個人的童年階段，自我認同和自我價值感都還在形塑，這時候身邊的重要他人，確實會造成深遠的影響。

最主要的就是父母。

父母是孩子最親近，也最仰賴的人。

孩子雖然有自己天生的性格傾向，但那只能說是一種習性，對於這個世界，包括對他們自己的觀念，都是由父母形塑的。

如果他的心情和感受都不被父母重視，當然會覺得自己的存在沒有價值。

不管是虐待還是情感忽視，當父母只關心能不能得到自己想要的東西，而沒有真正關心過眼前的孩子時，孩子就會產生無價值感。。

覺得自己是沒有人在乎、不配被珍惜的人。

而這個社會又始終拒絕讓他們說出，自己曾經有過不被父母所愛、不被尊重的感受。說了也當他們是在說謊，這種否定，就延續了他們對自己的負面評價。

明明在原生家庭裡受了傷，卻被責備「為什麼不能一個人安安靜靜的康復」，「長大了就不該再提過去的事」，就是這種曾經發生在自己身上、對自己來說很重要，也很沉痛的事情卻沒有人在乎、沒有人願意同理的感受，讓他們即使成年，內心還是跟過去那個被父母忽視的孩子一樣，依然覺得自己是一個沒有價值的人。

只要是人，就會有情緒，也會有脆弱和需要別人幫助的時候。

但是被情感忽視、精神虐待的孩子，因為父母會合理化自己對孩子的不關心，就會洗腦他們，讓他們覺得向別人求助很可恥。

表現出負面情緒就會給人帶來麻煩、不會有人接受，這種非得要表現正向、盡可能追求完美的觀念，讓他們即使長大後脫離了父母，也不知道怎麼把自己脆弱的一面表現出來。

與人相處時戴上了完美的面具，就更容易感到孤獨。

原本可以克服的困難都會變得更難克服。因為人總是有沒辦法自己一個人解決問題的時候，這時需要和別人互相幫助，但是認為自己不該向別人示弱、相信自己示弱會被討厭的人，會選擇獨自面對。

困難就很容易超出他們的負荷。

加上不懂得向別人表達需求，內心卻還是會期待，有人能夠主動發現他的真實想法，一直沒有人發現時，也還是會感到憤怒和失落。

這時的情緒不一定是因為當下的事件，而是因為長久下來，他們一直沒被理解和照顧的委屈，在心裡已經累積太多，一點小事都會變成壓垮駱駝的最後一根稻草，他們的情緒就爆發了。

同樣的事情一再重複，可能會讓別人覺得他們渾身是刺、不好相處，人們會遠離他們，或者是，他們害怕事情會變成那樣，於是選擇從一開始就與人保持距離。

父母只有幫助孩子建立安全感和自信心，才有可能培養出坦率的孩子。即使人們都說「長大了就不該責怪父母」，但是孩子在原生家庭培養出的性格、觀念，還有對自己人際關係影響深遠的行為模式，都是由父母形塑的。

13

被視為理所當然的重男輕女的傷痕

性別歧視就是一方有選擇，而一方沒有。

有些父母在有了兒子之後，就會想要生女兒。

身邊的人也會說「女兒好啊」、「女兒比較貼心」，用這種好聽的說法來掩蓋女兒其實沒有兒子那麼被愛，她被期待，純粹是出於功能性的要求這項事實。

重男輕女的父母總是需要一個持續付出的女兒，來做他們捨不得讓兒子去做的事。

因為所謂的重男輕女，就是用性別來決定每個人該做什麼，依據性別不同給予不同對待。

有些女兒因為總是被父母嫌棄，就自願把困難的工作攬在身上，或者是只要父母要求，就算心裡不願意，也還是勉為其難接下了。

不管是給家裡更多錢還是沒人要做的照護，因為她們總是會懷著一絲希望，期待父母有一天會感動，能夠發現和兒子比起來，女兒還是比較好的。

但是這種事情很少發生，因為這類父母對兒子和女兒的評價標準，一開始就不同。

打個比方，如果父母原本就覺得，家裡的這些事情，女兒應該要做到十件，那身為女兒會被注意到的，當然只有「是不是做少了？」、「做的還不夠好」。

女兒再辛苦，他們也不會感動，因為他們認為，那本來就是應該的。

想要回報就是不對，哪怕女兒想要的不是物質，只是一句「謝謝」也一樣。

女兒總是會被認為太過貪心，對於應該默默做好的事情，竟然還厚著臉皮想要回報。

相反地，他們對兒子沒有任何要求，對家人的照顧、家務、情感支持、金錢物質的援助……他們什麼都沒有期待。

覺得「兒子把自己顧好就很好了、他工作很辛苦了」，看待自己和兒子的關係，也預設了是父母應該要為在外辛苦打拼的兒子，準備一個可以放鬆休息的避風港。

既然沒有一件事情是他們認為兒子該做的，兒子的義務只有接受他們的付出和關懷，那麼當然只要偶爾一通電話、一句問候就能讓他們感動，因為這些事情是「多做的」。

有些陪父母看病、照顧父母老年的女兒實在氣不過，就會對父母說：「你看，你的寶貝兒子根本就不會來，你什麼都給他，現在還不都是我在顧你。」

說句殘忍的現實，這時候父母的沉默，可能不是因為女兒想像中的心虛或慚愧，也不是因為被說中了「這兒子白疼」所以難過，很有可能只是在想：我現在忍妳這句話不要跟妳吵，妳就不會跑掉，我的寶貝兒子就不用辛苦了。

•••

有些重男輕女的家庭，都是女兒一心想要證明自己更值得被愛、被肯定，於是做了更多的事情，然而這也是一種很難察覺的控制。

因為父母不會直接挑明「妳是女兒就要做這些」，而是會虛偽地強調自己絕對不是重男輕女的人，會有差別待遇，是因為女兒本身的特質。

所以他們時常都在否定女兒、挑女兒毛病，女兒多做會多錯，但不做更是不行。

因為不是明擺著由性別來決定的差別待遇，而是用「我很公平，是你不夠好」來包裝，有些女兒就始終沒有發現父母的言行不一，父母只是嘴上說自己很開明，說自己愛孩子不分性別，其實在面對兒子和女兒時，態度還是很傳統的。

為了自我合理化反而會積極地貶低女兒，批評她們不夠好，抱怨親子關係不和諧是因為她不夠貼心，完全沒有發現對自己來說，兒子只是坐在客廳看電視，理都不用理他們，做父母的內心還是升起「我的兒子真可愛」的滿足之情。

被父母的一面之詞蒙蔽的女兒，就會以為只要能證明自己比異性手足更優秀、更貼心，就能得到父母對兒子的那種關懷和肯定。

一直在努力證明自己又反覆受挫，會讓她們時常感到自責和自我懷疑，因為她們無論做再多，對父母來說，好像就是比不上生來可愛的兒子。

而且很多父母雖然表面上不說，內心想著的其實是「女兒長大結婚就是別人家的，我多照顧也是讓別人佔了便宜」。

所以對女兒非常斤斤計較，覺得養女兒是虧本生意。

如果妳對前述的內容都非常熟悉，妳就是一直在為父母努力的女兒，卻又一直沒有感受到父母對妳的疼愛或重視，希望妳看清他們的話術和自欺欺人。

有些人就是說的比唱的好聽。

・・・

一直在為家庭付出的女兒，就算跑掉了，父母也只會覺得事情沒人做很困擾，指責她不負責任，不會去想她已經付出很多年了，也該放她自由，讓她去過自己的人生。

如果女兒提出抗議，也只會被批評，「孝順父母應該是不求回報的」。話語權掌握在父母手上，不被愛的孩子不可能為自己爭取到公平，只會一直被批評「你就是愛計較」，但他們其實只是想要被愛而已。

努力也得不到的愛，說出這份失落和委屈的話，只會連先前的付出都被全盤否定。

因為一開始就預設了有些東西不給女兒的父母，把自己內心的算計投射出去，反而會一直懷疑是女兒在算計或別有目的。

重男輕女的父母，對女兒總是不自覺地防備，擔心她們會「覬覦」應該只屬於兒子的東西，然而他們又習慣於讓女兒付出很多，「女兒是外人、結婚就更是夫家的人」這種傳統，執行的並不是那麼徹底。

雙重標準，即使女兒結婚了，有事還是找女兒幫忙，女兒不做就批評她不知感恩，但通常女兒或媳婦都不做的事情也不會輪到兒子，性別歧視就是一方有選擇而一方沒有，沒人想做的事情就是女性限定。

女兒選擇不做，或是真的力有未逮的時候，不會被同理，而是會被批評「妳怎麼這麼冷漠、這麼自私」，用女兒最在乎的評價來操控和攻擊她們。

有些女兒就會因此勉強自己去做，就是不想被父母認為，自己是對他們沒有愛、不夠關心又不知感恩的孩子。

這類父母就是這樣習慣性地否定他們的女兒，而且連「這就是否定」都不會察覺。評價是他們操控女兒的手段，因為女兒被長久否定下來，最渴望的就是一句謝謝或肯定。

明知道她想要什麼卻扣著不說也不給，就是如果肯定了女兒好，會違背他們內心其實覺得生女兒就是不如生兒子的一種信念，女兒對他們來說就是工具，不是付出愛和感謝的對象。

兒子在家就只要隔岸觀火，看著父母把責任和壓力都推給姊妹，自己可以不勞而獲。

如果妳就生在這樣的家庭，而且也試著爭取過公平了，希望妳放下「我要證明自己更好」的這種不切實際的願望，看清這類父母為了捍衛兒子的優勢，對妳和他們自己所使用的話術。

表現再好，妳也不會被肯定，或者得到妳想要的關懷的。

難過和失落是必然，但還是要學著照顧自己、珍惜自己，真的很痛苦時為自己大哭一場，再擦乾眼淚勇敢出走吧。

不要在沒有公平的地方爭取公平。

14

親子關係逆轉：那些懂得照顧父母的孩子……

在一些父母缺乏責任感的家庭，
是孩子一直在試著了解父母的心情，
被要求體諒父母。

有些孩子從小就知道父母要他們扮演什麼角色，也知道什麼樣的言行不會被父母接受，不會去做可能激怒父母的事情，所以雖然表面上看起來親子關係相當和諧，實際上卻有一方過得非常壓抑，沒有活出真實的自我。

就是表面上的和平。

最典型的就是那些孩子成為情緒照顧者的家庭，所謂的親子關係逆轉。

本來應該是由父母照顧孩子、陪伴孩子、引導他們表達自己的情緒，但是在這樣的家庭裡卻是倒過來，是孩子時常要幫助不成熟、情緒不穩定的父母。

父母要求他們的不只是懂事，還要他們像個大人那樣照顧家裡的人，包括父母自己。

如果孩子不知道該怎麼做或者做得不好，還會被父母責怪，指責他們沒用、白養他們，不能為父母分憂解勞。

父母與孩子在精神上的真實關係，並不是表面上可以看得出來的。

因為只要孩子努力接下情感照顧者的任務，表面上看起來，關係還是相當和諧。

實際上是孩子已經放棄了讓父母擔任父母，也接受了自己在這個家，其實不能放心做個孩子的現實。

⋯

孩子生來渴望父母的關心，因為他們需要有人照顧，如果被照顧者遺棄就不能生存。

所以無論孩子看起來再會反抗再頑劣，內心都有與父母取得連結的需求，當他只能透過照顧父母、討好父母來和父母建立關係，他們就會變成小大人，也就是旁人眼中早熟又懂事的孩子。

他們會跟父母配合，也會努力學習解讀父母的情緒，而讓他們這麼做的內在動力，是如果不這麼做就會被拋棄的不安全感。

好孩子的內心其實是充滿恐懼的，因為他時常在擔心自己不夠好，害怕自己變得沒用，父母對他的肯定僅限於做個好孩子的時候，這就讓他們覺得，不夠好的自己就沒有價值。

不只是當下過得惴惴不安，這樣的生存模式，對他們人生的影響也最深遠。因為他們會相信，在團體中配合其他人、照顧其他人，就是自己的任務和唯一的價值。

這種認知因為是在童年階段形成，後續也是最難被動搖和改變的。但是卻沒有辦法帶給一個人真實的快樂，也沒辦法讓人產生勇氣，追求自己想做的事情。

小大人在長大之後，很有可能還是不知道自己真正想做的事，只知道觀察別人、猜測別人想要他們做什麼。

真正的大人是懂得表達情緒和追求自我的人，而童年時被說早熟、像大人一樣可靠的孩子，內心沒有跟著身體長大，還是只知道服從父母，或者是團體中，與父母地位相似的人。

孩子發現自己不被關心的事實時，通常都已經太遲了。

正常的情況下，是父母要去試著了解孩子的想法，關心孩子的情緒。因為孩子的表達能力、認知能力都還不成熟，也缺乏人生經驗，他很多時候無法正確理解自己發生了什麼，也還不知道怎麼與人溝通、表達自己。

父母是要陪伴著他發展這些能力的人。

但是在一些父母缺乏責任感的家庭，是孩子一直在試著了解父母的心情，被要求體諒父母，解讀父母的情緒。

做不到就會被認為不懂事、不貼心，也不管孩子的身心發展正處於什麼階段，是不是根本還沒有能力做到這樣的事情。

關懷別人的能力需要學習，所以不是不能要求孩子關懷父母，但是當他從小體會到的關心並不是互相的，父母對他並沒有同樣的回應，他對於「關心」這件事情，也沒有得到充分的體驗和學習。

關心父母是他的求生策略，因為會這樣要求的父母，往往心情不好就會拿孩子出氣，孩子必須要學會看父母臉色、主動察覺父母想要什麼。

對父母的需求敏感，對自己的感受遲鈍，因為他們就是那樣被教養著長大，沒有人鼓勵他關心自己。

在家庭這個封閉的環境裡，當父母對孩子的關心是這麼有限，卻說「爸媽做什麼都為了你」，孩子因為認知能力和人生經驗的不足，多半沒有發現其中的矛盾。

但是當孩子有能力發現父母的言行不一時，又會被說：「你都已經這麼大了還說這些幹嘛」，父母會強調自己對孩子有物質上的付出，就可以抵銷情感上的不足。

父母和孩子的關係就是這樣不公平，孩子最初是沒有判斷能力，無法察覺自己被忽視，當他們長大後察覺到這個事實，又會因為已經是個大人了，想抗議自己不被關心，只會被更多人責備「不成熟」而已。

從小被情感忽視的孩子，遇到不好的事情絕對不會跟父母說，不是因為怕父母擔心，是怕父母會二度傷害自己。

可以從這樣的事情來判斷一個人，和他的父母之間是否彼此信任、彼此關心，但是從表面上沒有辦法。

因為表面上看起來，不同情況下，孩子所做的事情，可能是完全一樣的。就是無論和父母關係好或不好，都有可能選擇有事情時不說，只是基於完全不同的理由而已。

有些孩子在父母面前，總是表現出我很好、我沒事，外人也以為這個家庭的氣氛和諧，實際上是孩子只要說出煩惱就會被父母嫌煩，哭了也會被嫌吵，孩子已經習慣了隱藏真實情緒、報喜不報憂。

並不是說每個看起來很好的家庭都是假象，只是說也有可能，有些家庭的親子關係，其實並沒有看起來那麼好而已。

人們習慣用外在可見的事物，判斷父母有沒有對孩子「好」。所以一個孩子只要衣食無缺，也有充分的教育資源，旁人就會覺得父母做得還不錯。

但是，雖然物質上嚴重缺乏是一種虐待，也不表示衣食無缺，就能保證孩子在情感上，有得到做為一個人該有的待遇。

孩子並不是父母的物品。

很多真實存在，但從表面上不容易判斷的疏忽和虐待，就是因為人們只看表面可見的事物，很容易就被隱藏起來。

情感受傷的孩子就像沒有人看見的孤兒，不只是別人覺得他已經過得很好，連他自己也可能這樣說服自己：「衣食無缺已經很好了」，但是情感上沒有被滿足過的匱乏，還是會成為接下來的人生中一個難以克服的陰影。

15

嚴重的父母偏心是對一方有愛，另一方是工具

孩子渴望透過順從來得到讚美，
但父母想的卻是「順從我是應該的」。

有一種偏心的傷是，父母自認為賞罰分明，卻沒有察覺自己並不是對每個孩子都是如此。

對於自己偏愛的孩子，做什麼都可以包容和接受，甚至不會察覺到這個孩子有什麼問題。

但是看待自己不偏愛的孩子，就好像他做什麼都是錯的，即使他做了一些好事努力要讓父母高興，父母還是覺得他們好像應該要「再更好一點」、「還不夠努力」。

對於愛的孩子，他們的態度是「做父母的本來就該為孩子付出」，對於不愛的，他們的態度就是投資了。

因為是投資所以會斤斤計較，總是會強調自己付出多少，抱怨孩子沒有讓他們滿意。

不被偏愛的孩子如果一直留在父母身邊，就只能繼續承受這種手足再壞也是父母的寶貝，自己再好也只是個工具人的感傷了。

因為沒有父母會承認自己偏心，一定會強調自己的不公平是公平合理的，

「是因為你做得不夠」這種自圓其說，也會讓孩子內心產生錯誤的期待。只要我更努力、更忍讓，總有一天父母會發現我很好，用我想要的方式待我。

想要得到父母的愛，就必須做更難的事，負起手足不願意分擔的責任，總之付出更多，為了證明自己是「更好的孩子」。

不想讓父母覺得生養自己是投資失利，卻沒有意識到，父母若是真的愛他，就不會把對他的付出視為投資了。

不被愛的孩子再怎麼努力，也沒有辦法讓父母意識到自己的不公，一直在幻想有一天父母會說出「還是你比較好」的人，最後得到的待遇往往不會改變，只是一個比較好用的工具而已。

有些孩子很小的時候就懂得反抗父母、讓父母拿他無可奈何，長大後也比較能走出自己的路，先不論這條路是好是壞，總之父母已經習慣了管不動他，就放他自由。

相反地，個性比較溫順、也比較敏感的會去照顧父母情緒的孩子，很容易讓父母產生「這個孩子就是會聽我的」的想法，習慣了對孩子做出指令。

父母會覺得自己都是對的，甚至覺得孩子是因為認同自己才聽話，而無法意識到孩子其實是在配合，甚至可能到了壓抑真實自我的程度。

有本書叫做《人生的悲劇從當個乖孩子開始》，就是在說這樣乖順的孩子，通常得不到父母的肯定。

因為人對於控制的慾望是無法滿足的。

孩子渴望透過順從來得到讚美，但父母想的卻是，「順從我是應該的」。

人跟人的相處模式，是共同形塑而成。

完全配合孩子會把孩子養成小霸王，完全配合父母，也會把自己變成父母的附屬。

如果是成人與成人之間，或許還可以在對方踩線的時候就提出抗議，讓對方知道「能提出意見的範圍只到這裡，再多，就是對我的干涉和不尊重了」。

但是孩子缺乏大人的人生經驗和判斷力，無法判斷父母的要求，是不是已經侵犯到他的尊嚴和個體性，這就讓天性比較溫順、渴望被愛和被肯定的孩子，很容易對父母的要求照單全收。

父母也就越來越習慣，不把這個孩子當成一個獨立的人。

是獨立的人就一定會有自己的想法，而當孩子意識到這一點，開始想要追求獨立、勇敢做自己的時候，父母又因為已經習慣他的順從而無法接受。正常的、與父母分離獨立的過程，被看成嚴重的背叛並引發衝突。

• • •

有些孩子已經成年，甚至已經建立自己的家庭，但是因為一直以來都以父母為優先，當他有不同意見，就會被父母認為是「變壞了」。

這種壞沒有客觀的標準，有可能他和從小不受控的手足比起來，還是算乖，只是多了一點自我主張，表露出一些真實的、和父母不同的想法，但是因為人對事情的感受和解釋總是很主觀，仰賴的是過去的經驗，所以從小就很聽話的孩子突然不聽話，父母就會覺得自己被背叛、被傷害了。

他們的情緒會很激動，也可能會加重懲罰的力道。

而對於從小到大就很叛逆，堅持做自己的孩子，父母反而能夠肯定他們的獨立自主，不用什麼都聽話也沒有關係。

看著跟自己比起來自由很多的手足，很多長大成人的乖孩子，會希望能夠回到過去改變自己吧。

想對當時還很幼小的自己說：不要那麼「乖」，要學著做自己、表達自己。

因為「乖」的意思就是順從，用順從去博取別人的好感，之後就會被剝奪自由意志。

16

父母霸凌只要曾經發生，孩子就會害怕父母

⋯

有人是在父母身邊最感到安全和安心，有人相反，在父母身邊覺得特別緊張。

孩子如果受過父母的霸凌，即使再怎麼想要親近父母，身體的反應也不受大腦控制。

對於自己現在是否安全，每個人的直覺判斷，會表現在身體反應上。

有些人對於父母就是完全無法碰觸、不想靠近，一聽見說話聲就覺得焦慮，不得不見面的時候，心悸、胃部緊縮、失眠。

雖然有些人會說：你怎麼可以這樣說父母，父母可是養育你的人。但是人或許可以在意識上努力說服自己：「這是爸媽，我們應該要很親」，身體反應卻是騙不了人的。

這時比起指責：「怎麼可以把父母想得這麼恐怖」，還不如去想他究竟是經歷過什麼，才會這樣害怕自己的父母吧。

身體是不說謊的。

人在可以放心信任的人身邊能吃能睡，在霸凌過自己的人身邊難以入眠，這不是被霸凌過幾次，發生在多久以前，情節又有多嚴重的問題。

關於職場或校園霸凌，我們能理解受害者想要擺脫這段回憶的束縛，從此不再靠近可能會引起創傷後壓力症候群的人事物，但是一旦霸凌發生在家庭裡，霸凌孩子的是父母，社會流行的看法就完全不同了。

人們會說「都那麼久以前的事情了，也偶爾才一次，父母平常也對你很好……」或者是「也沒那麼嚴重，雖然打你但是也沒打到進醫院，還有人被打得更慘呢……」

這些要孩子不要那麼在意的說法，連寫出來都會覺得荒謬，但這就是我們這個社會，無論如何不准孩子和父母保持距離，也不准他們把父母看成霸凌者的立場。

就算只是想保持距離，都會被認為是壞孩子，只有壞孩子才沒有辦法包容父母做過的事。

但是沒有辦法和父母很親、靠近就會覺得緊張害怕，這是孩子的錯嗎？

身體記得自己受過的控制和威脅，因為感受到危險，一直都無法安心放鬆下來。

孩子會害怕父母，但是不知道為什麼，父母好像多半不認為，自己會令孩子感到害怕。

即使自己做過令人害怕的事情，像是無視孩子的感受，扭曲孩子說過的話，聯合伴侶或其他親戚來對付孩子之類的鬥爭的手段，父母雖然是有意為之，卻好像從來沒想過，這麼做會帶來關係疏離的後果。

言語或肢體的暴力就更不用說了。有些父母會羞辱孩子的人格，貶低孩子，理直氣壯地說「教養就是要打到他會怕」，傷害孩子的身體。

但無論自己做過什麼，在孩子和自己不親的時候，還是不承認問題出在自己身上，甚至會反過來說是這孩子冷漠，才會跟父母保持距離。

這是否因為，無論自己是什麼樣的人，都想被孩子無條件地接納呢？還是因為如果承認了孩子跟自己不親，不把責任推卸到孩子身上，還是會覺得面子掛不住呢？有時候我寧可去想，或許是即使父母無法控制自己而做了很多讓孩子害怕的事，但內心終究還是會嚮往人與人之間真實的融洽和親密吧。

我們這個社會很習慣地把孩子看成孩子，父母看成成人，但也有可能有些親子關係，內在的精神層次是相反的。比起做過錯事，很快就知道這麼做，會被其他人排斥或討厭，也會被懲罰的孩子來說，有些父母就像長不大的孩子，不想也不能控制好他們自己，卻還是想被別人無條件的包容。

・・・

孩子對父母的恐懼心，是一旦形成就很難消除的。

因為身為孩子時那種無法自立的脆弱，每件事情都必須仰賴父母，全部掌控在父母手中的那種經驗，會讓他們對父母是個什麼樣的人、怎麼對待他們格外敏感。

父母如果態度冷漠，甚至是惡毒，他們就會害怕，感覺生命受到了威脅。

即使成年以後，理智上知道不用再害怕父母，還是會感到非理性的恐懼，關係自然就會疏離。

有時那種恐懼會以防備的姿態出現，像是在父母面前，原本很活潑的人會突然變得安靜，面對父母就是客套，謹慎，小心翼翼的觀察。

也有可能變得容易激動，直接採取了隨時準備攻擊的姿態，被父母形容成壞脾氣、難相處、渾身是刺，但都是為了要保護自己。

這個世界上，有人是在父母身邊最感到安全和安心，就有人相反，在父母身邊覺得特別緊張。

不自覺就升起戒備，害怕會回到童年那個對父母的傷害毫無招架之力的自己。

每個人的成長經驗都是不一樣的。只是父母一般不會認為是自己做了什麼，才導致孩子有不同的態度，只會抱怨孩子讓他們感受到理想和現實的差異，如果孩子反駁事出必有因，他們不是藉口「忘記了」，就是自圓其說。

親子關係原本可以是人世間難得的，彼此信任和親密的情感，就是這樣毀掉的。

17

保持距離不是因為恨，只是不想再受傷害了

…

孩子遠離父母，有可能是因為恨，

但應該也有很多不是因為怨恨，而是因為恐懼。

有些父母會因為孩子不願意順從他們，甚至和他們保持距離，就指責孩子心裡有恨，「做孩子的怎麼可以恨父母」。

但這些父母不願意承認，他們才是最一開始，因為孩子不願意，或者是沒有能力滿足他們，而怨恨自己孩子的人。

他們也害怕別人對他們說，做父母的竟然恨自己的孩子。

但孩子是可以感覺得出來的。

雖然人們總是想把孩子遠離父母的行為，全部解釋成孩子不懂事、對父母的愛有所誤會，但即使有一部分的人是誤會了，也一定有部分的人，是確實辨識出父母對自己的恨意，內心感到無法化解的痛苦而必須遠離。

不是每個人都是自己想要孩子才生養孩子的。

有些人是為了其他的目的，因為被長輩催生、被傳統束縛，覺得結婚就是要傳宗接代、想要用孩子來維繫婚姻、幻想孩子可以為自己的人生帶來光明……諸如此類，在孩子身上寄託了非常多的目標，但其實不能忍受自己的自由從此受到限制。

為了讓自己可以接受有孩子的生活，將對孩子的反感，調整成「至少可以利用」的心態。

在這種情況下，一旦發現這個孩子沒有什麼能夠利用，或者是孩子不願意被利用的時候，就會產生恨意。

他們不會單純因為擁有孩子，和孩子之間的相處時光而感到高興，而是總會注意到自己因為孩子必須做的付出，抱怨孩子無法用實質利益來補償他們。

當孩子心灰意冷想要離開，他們又對孩子說：「我生你養你，你有什麼資格恨我？我怎麼有你這樣滿心怨恨的孩子？」

但究竟是誰埋下了怨恨的種子呢？

• • •

孩子和父母保持距離可以有很多原因，無法達成父母期望，或者必須要拒絕父母的要求時也可能有很多原因，但有些父母就是會直接斷言：因為你恨父母。

總是讓我覺得，這些父母能這麼快辨識出恨，是出於自己內心對孩子恨意的投射吧。

人最熟悉的感情往往是自己內心的感情，如果沒有先入為主地認為：這孩子就是恨我才處處違逆，是不會把所有的拒絕都解釋成恨的。

當然，孩子遠離父母，有可能是因為恨，人總是對那些自己愛著，卻又不愛自己的人產生心結，但應該也有很多不是因為怨恨，而是因為恐懼吧。

知道父母對自己處處不滿，沒有自信能夠繼續承受而不會崩潰，為了避免沒有人知道會發生什麼的臨界點到來，在那之前就先遠離。

至少傷害不會再持續累積。

但父母就像反向地在表達自己的情緒那樣，先一步指責孩子內心有恨，罵他身為孩子怎麼可以恨父母，這種無法面對自己而開始運作的防衛機制，就像在逃避自己內心的真實。

18

承擔內疚，總比心懷怨恨好……

虛偽的原諒比不原諒更糟糕。

和家人保持距離最難的是，人會因此感到內疚，特別是那些一直以來努力為家庭付出，渴望擁有溫暖家庭關係的孩子。

然而內疚總比怨恨好，這是我在《一本你希望所愛之人讀過的書》裡讀到的話，關係總是有盡力了也無法如願，只能放過自己的地方。

如果你覺得不原諒家人甚至劃清界線，未來可能會感到內疚，或者你現在就感到內疚了，在因此決定要勉強自己做出有違真心的原諒之前，也請好好衡量自己內心可能會因此萌生的怨恨吧。

內疚是無解的，因為如果可以選，沒有人會希望關係變成這樣，但是內疚是人生必然會有的遺憾，過去的事情用當下的眼光去看，總是會覺得「如果是現在的我，或許有能力處理得更好」。

被父母傷害、不得不和父母保持距離的孩子，回想起過去更有可能會想：如果我當時有能力阻止爸媽錯誤的言行，不讓傷害加深就好了。

如此一來，或許還有機會彌補關係中的裂痕。

就像是在證明人會有所成長那樣，內疚是人必然會有的感受，而人也正是因為背負內疚，在接下來的人生遇到類似的事情時，會努力想要做得更好。

所以內疚是一種自我成長的動力，但怨恨就不同了。

怨恨是雙面刃，如果你勉強自己原諒那些無法原諒的事情，真正關心你的人不會因此感到高興，在你心裡那份「為什麼沒有人在乎我」的怨恨，也只會加深原有的傷痕。

虛偽的原諒比不原諒更糟糕，往往會衍伸出更多的傷害，因為有人扭曲了自己的真實情感，明明無法釋懷，卻因為社會壓力而被迫演出釋懷的樣子。

不被愛，甚至是被父母傷害著長大的孩子，為了要能真實地活著而不是活得像行屍走肉，有時必須做出不原諒、離開家庭這樣困難的決定。

這時很容易因為別人說的：離開家人你會後悔、這樣對待父母你會後悔、「子欲養而親不待」等等，害怕自己將來會內疚而停下腳步。

但是如果繼續維持讓自己受傷的關係，那在未來，究竟是令人感到內疚的事情會先發生，還是自己會因為痛苦和憤怒而心生怨恨，是沒有人知道的。

所以若是你感覺已經到了極限，也已經認清在原生家庭裡，自己是受剝削的一方，最好還是選擇守護自己的人生。

和家人保持距離，或許未來你會因此感到內疚，也或許不會，但總之要記得：內疚總比怨恨好。

• • •

和家人保持距離的人，通常是有所覺悟：改變別人是不可能的，人只能改變自己。

保持距離就是在關係中受傷的人，可以做出的改變，但是很困難，猶如將自己打碎重生。

畢竟是自己從小長大的家庭，很難放下和家人好好相處、彼此關懷的期待吧。

有時如果不是發生了一些令人痛徹心扉、再繼續恐怕要活不下去了的事情，人很難這麼徹底的死心。

也有可能是反過來被家人推了出去，過程中甚至不覺得自己有下定決心，還覺得自己是一次又一次地努力示好，只是有一點不同意見，拒絕被剝削，就被以切斷關係作為懲罰。

意識到的時候，自己已經回不去那個家了，被名為家人的人放逐。

明明是受傷的一方卻被否定得最為徹底，有些人就會因為不甘心，試圖留在關係中不斷努力，但是收回這些努力，和無論你做什麼都否定你、傷害、甚至是利用你的人保持距離才是對的，即使是有血緣關係的家人。

你可能會在心裡覺得，無家可回的自己是被拋棄了，但是只要你能夠自力更生，即使被拋棄，未來也不需要再擔心受怕。

心裡還依戀著家庭卻被迫離家，總是好過被名為家人的人反覆傷害，人的承受能力是有限的。

獨自一人時或許還是會被陰影糾纏，過去的悲傷回憶，也會讓人有想問為什麼的衝動，很容易觸景傷情。

但是只要不再增加新的傷口，你所背負的，再怎麼沉重都可以到此為止。

改變不了別人只能改變關係，拉開和讓自己受傷的人的距離。

對於在家庭裡不斷努力卻又不斷受傷的人來說，這是痛苦而困難，然而不得不的決定。

• • •

習慣控制別人的人是不會自己放手的。有些人在察覺到父母對自己的控制時，會希望能夠讓父母理解，自己已經長大了想要自由。

但是表達自己的意見固然重要，父母是否能夠接受，最好還是不要有過多的期待。

你不能等他們認同了，才去追求自己想要的自由。

父母和孩子的關係，是從孩子一出生就建立了。

所以父母原本是什麼樣的人，能不能在親子關係的不同階段，自我調整和改變，對親子關係的影響幾乎占了八成。

你多數時間都比他們弱小，主導權在他們手上，會去控制孩子的父母只會因為控制了十幾二十年，更不能接受放手的時刻來臨。

和能夠祝福孩子獨立的父母不同，他們是在每個階段都想強化自己的控制，所以如果你一直在苦惱「到底什麼時候爸媽才不會再管我」，從青春期一直苦惱到長大成人，就是你要主動放手的時候了。

爸媽不會照你的期望去做，把你想要的自由和尊重還給你，如果他們是只要好好溝通就會尊重你、肯定你的自由的人，你的獨立之路也不會走得這麼艱辛了。

父母藉著賦予期望和表達他們對你的失望來控制你，也只有你自己決定從此不再為了滿足他們的期望做事，才能找回決定自己人生的自由。

只是，你也必須接受他們的失望，承認自己不可能得到他們的肯定。

有些人連自己想要脫離父母掌控、保持距離的決定，都希望能得到父母支持。

所以會一直花時間想說服父母，但是一直以來都在想方設法控制你的人生、讓你照他們意思去做的人，怎麼會認為你想自己做決定是一件好事呢？

按照父母的動員能力，你還有可能被千夫所指。

被父母和其他人指責不聽話、是壞孩子的時候一定很難過，也會覺得心寒，但是要記得人潮總會散去，你終究要面對自己的人生。

人活著都是獨自一人，來自爸媽的無論肯定或否定，都一樣會隨風逝去。

未來在生命走到盡頭時會覺得，這是我自己的人生，還是會覺得自己為了父母、為了那些不相干的群眾而放棄了自己，當不被諒解的痛苦和委屈湧上，讓你爭取自由的心開始動搖時，要想著這一幕撐下去。

19

你不需要解決了所有原生家庭的問題，才能得到幸福

．．．

把目標放在每天能多一點點平靜的時刻。

日本心理學家加藤諦三說過：如果人和父母手足的關係良好，互相尊重而且彼此關心，世間大多問題都可以解決。

但反過來說就是，如果和父母手足關係不睦，要有普通的幸福都非常困難。小事都可能壓得人喘不過氣，因為都必須一個人面對，和原生家庭關係不睦的人，他們內心的孤獨和不安，是和家人關係良好的人無法想像的。

但關係並不取決於單方面的努力，只要其中一方沒有打算尊重另外一方，再怎麼努力也只能勉強維持關係的表面形式，不會有正常家庭相互關愛互助的性質。

所以對這樣的人來說，普通的幸福只能向外找尋。

有些人會覺得，必須要療癒好自己曾經受過的傷害，才有可能得到普通的幸福。但這是可以同步努力的。

一邊了解自己，不要忽略自己的感受和想法，學習對自己更加溫柔，同時間也給自己機會，去信任可以信任的人。

過程就需要學習，因為來自原生家庭比較複雜的環境，可能會讓人不知道如何判斷誰可以信賴，已經習慣了在家裡也要勾心鬥角，會讓人產生一種連家人都不可信賴了，世界上還有誰是可信的悲觀。

但是試著去相信，在家庭之外，還是有可能找到有愛和關懷的環境，這樣的嘗試雖然很需要勇氣，卻是治癒的開始。

• • •

對人性悲觀，是在家庭裡受過傷的孩子的自我保護機制，但有時過度發揮也會變成自我侷限，對自己說「沒有人值得信任」，等於是不給自己機會，去體會人性也有善良美好的一面。

即使花很長時間和不同的人相處，學習信任他人，在內心深處還是會有一些不安全感，也必須要和自己內心的悲傷共存。

然而在一定程度上，有家庭創傷的人不會徹底擺脫過去，這是沒有辦法避免的。

因為沒有什麼神奇的方法可以改變過去，也沒有辦法改變傷害過自己的人。他們可能永遠都不會意識到自己曾經造成的傷害，也永遠都不會在乎。

而對於受傷的人來說，被信任的人這樣對待的悲傷，談放下都是漸進式的，也不可能做到徹底。

只是要放開一點都要花很長的時間，還會時不時像突然颳風那樣，因為痛苦的回憶突然浮現而心煩意亂，好像被過去的陰影追上，當下的幸福一下子就黯淡了。

人總是會幻想能找到神奇的解方，讓所有的困境就此豁然開朗，但世界上沒有那樣的東西，能做的只是每一天的自我提醒。

——要對自己好一點、溫柔一點、不要忽略自己。

把目標放在每天能多一點點平靜的時刻。痛苦的回憶，只要有一天沒有想起就能當成一種進步，感覺不再那麼關注別人對自己的期待或要求，能夠重視自己的真實想法時，循序漸進，有一天就會發現自己好一點了。

從某些事情一想起來，就會很難克制悲傷和憤怒，強烈到連要正常生活都覺得非常困難，到後來，回憶都會變成淡淡的陰霾。

雖然想起時還是會想嘆氣，有時也會想哭，但是只要調整的方向對了，這種突然湧上時，可能會干擾生活的痛苦，對生活的破壞力好像也降低了。

20

不要放棄建立家庭以外的安全基地

……

你知道自己已經努力過，問心無愧就好了。

想活出自己的人生，卻又離不開讓自己受傷的家庭關係的人，或許可以不要在一開始就否決，在原生家庭之外，另外擁有安全基地的選項吧。

人們總是把原生家庭看成命運，運氣好生在有愛的家庭的人，當然不會想要離開、切斷和家人的關係，而運氣欠佳，家裡沒有愛只有剝削的人，就會把這樣的家庭當成宿命。

既然是宿命就無法逃脫，好像連想逃都不應該，用這樣的眼光來看，當然會覺得自己別無選擇。

但是如果你在家庭裡持續受傷，又已經盡了全力，還是無法讓關係朝向好的方向發展，希望你改變自己的思考方式，告訴自己：已經盡力了，不如就放過自己。

人雖然不能選擇原生家庭，但是要和原生家庭維持什麼樣的關係、保持什麼樣的距離、以什麼樣的頻率互動，還是有選擇的。

只要你放下絕對不可以跟家人（特別是父母）保持距離、一定要守護我的家庭最可愛的神聖價值等執念，就會發現其實你可以選擇，不要一輩子都在沒有希望達成的目標前受挫。

放棄和家人溝通、保持一段距離的生活，雖然聽起來好像是你不努力、你放棄家人，但你知道自己已經努力過，問心無愧就好了。

不再和對方溝通自己想要的互動模式，也不再表達自己不被關愛有多麼失落，不再嘗試讓他們理解而是接受現實：他們永遠不會理解、也不會後悔曾經做過傷害你的事。

雖然放棄聽起來很悲傷，但也有助於你下定決心，從此要去追求比改善親子關係更有意義、也更有機會達成的目標吧。

•••

家庭裡的情感支持，是血緣無法保證的。

有時候正是因為有血緣，有些人無論如何都拿不出對別人的尊重，永遠不把別人視為另一個獨立個體，「沒有把你當外人」這句話的意思有好有壞，可能是對你特別好，也可能是對你比對外人壞。

每個人都必須跟自己的原生家庭很好，為此即使忍受痛苦、單方面地被剝削也要撐下去的這種想法，反而讓人失去更多屬於自己的人生。

家庭的主要功能——關係緊密的人們彼此關懷和照顧——比起血緣，更多是由責任感、決心和努力來決定的。

不要用原生家庭是最偉大的、每個人都要死守原生家庭的這種信念來束縛自己，要相信世界很大，即使生在沒有緣分的家庭，人也有機會建立屬於自己的安全基地。

• • •

有一種普遍流行的看法是，跟原生家庭關係不好的人，人際關係也會有問題。這種刻板印象讓人在考慮離開家、和家人保持距離的時候裹足不前。

因為既然每個人都說：家是最溫暖的避風港，父母對孩子的愛是最無私的，這就讓人有一種感覺，和這樣充滿愛的家人都不能好好相處的人，個性是有多奇怪呢？在家裡得不到溫暖，怎麼努力都無法感覺到這份愛的人，也因此懷疑自己。

即使內心並不覺得家是避風港，也不覺得父母對待自己很無私，但還是害怕和父母處不好、關係疏離這件事，會反向證明自己是個無法與人好好相處的人。

但是家是避風港所以是最安心放鬆的所在，還有父母對孩子的愛是最為無私的這件事情，本身就有待商榷不是嗎？

每個人都有權利為自己找到真的能放鬆安心的所在，而那個地方從來都不是非原生家庭不可。

21

合不來有時不是溝通的問題，而是有沒有互相尊重的誠意

⋯

提出凡事都要好好溝通的人，自己也要言行一致。

有些人總是在學怎麼溝通，希望能改善和家人的關係，特別是那些覺得父母無法溝通的人。

不知道為什麼父母總是不滿意，做什麼他們都有意見，但是在真的需要他們的安慰或支持時，他們又像外人一樣，口口聲聲說「那是你自己的事情」。

在不該干涉的時候干涉，在該伸出援手時退出，其實就是不關心孩子，只關心自己的利益，憑著自己的好惡做事的父母。

父母若是這樣的人，和孩子的關係當然不可能很親密，能達到最好的情況也只是表面上的和平。

而對於這些一直以來得不到父母關心，卻又阻止不了父母干涉的孩子來說，怎麼跟父母溝通，會被他們當成一輩子的課題。

感受不到父母對自己的愛和尊重，以為是自己不懂溝通，卻沒有發現可能是父母本身就是沒有能力去愛孩子、尊重孩子的人。

和這樣的人是無法好好溝通的，因為不管你說什麼，他都只會想到他自己。

有些父母只要孩子不聽話，就指責他們「怎麼都不能溝通」，自己真的有想要好好跟孩子溝通嗎？恐怕也是沒有。

有些親子關係無法改善，是因為父母所謂的溝通，只是想要小孩聽話。關係緊張並不是因為溝通不良，而是一方想控制，而另一方不想被控制的雙方角力。

這種事情也是要到一定年紀，開始不會就字面意義照單全收，能夠客觀地看待所發生的事情之後，才能夠真正理解的。

有些人在關係中總是有自責和退讓的心態，只要氣氛不愉快、沒有共識，就會反省自己是不是不會說話、表達能力有問題。

因為從小到大每次只要有不同意見，不能或不想照父母的意思去做，就會被父母指責，被說是不體諒、不懂事的孩子。

有時還加上肢體暴力、冷暴力、言語暴力等等的制裁手段，身為孩子本來就相信大人比自己懂得更多、能力更好，所以一直被批評和懲戒，就會無法相信自己。

變成只要對方說「是你的問題」，馬上就會開始自省。

但這只是一種藉由話術操控他人的手段，對還沒有判斷力的孩子來說，被父母指責「不能溝通」，就會誤解溝通的意義。

長大後如果能夠從中醒悟，察覺到父母所說的「你怎麼都不溝通！」其實只是「為什麼都不照我說的去做？」就會明白自己其實並沒有做錯什麼，也不是沒有盡到溝通的責任，只是父母要的，就是一個順從的孩子而已。

真正的溝通是相互平等的。

雙方都要重視和在乎對方的感受，努力去理解對方的立場，相互妥協以達成共識，絕對不是只把自己想說的話說出來，然後單方面地要求對方順從。

提出凡事都要好好溝通的人，自己也要言行一致，但內心看待孩子其實還是上下關係，覺得孩子就是要聽話的那種父母，會用「溝通」這種話術來包裝自己控制的目的，讓孩子以為關係會出問題、不和諧，被父母誤會而深感痛苦，全都是因為自己不懂溝通。

有些父母還會說，是因為孩子嘴不甜、不會撒嬌，才讓親子關係變得緊張或疏離。

這時孩子如果又中了父母的這種話術，不只是會徒勞無功地鑽研溝通技巧，還會變成討好型人格，壓抑自己真實的想法，只為了討別人歡心。

22

有一定程度的痛苦，和你想要的自由綁在一起

⋯

人就是人，沒有辦法把自己變成沒有感覺的機器。

在家裡感受不到愛的孩子，不管是想和家人保持距離或者逃得遠遠的，做不到往往不是因為能力，而是因為希望自己的這項決定，能得到家人的諒解和支持。

但他們絕對不可能支持，因為他們不認為自己有錯，當然就沒有改變的必要。

其他人也不會，因為現在的社會風氣，多數人認為個人的身心健康，比不上維護家庭的形式重要。

所以身為不被愛的孩子，無論你再痛苦，都只會被要求要接受現況、要忍耐。

不忍耐就是你的錯，逃跑更是罪大惡極，守護自己這件事，被認為並不是你可以選擇的。

有些人認為人和原生家庭的關係，就是看運氣好壞，運氣好的人被父母疼愛，運氣不好的人只能接受。不被父母所愛的人，不要說試著改變生活，可能只是偶爾上網抱怨，都可能被這種認為家庭即宿命、孝順就是服從的人，罵得狗血淋頭。

離開家或保持距離這種決定，不太可能得到理解和支持。

一定程度的、不被理解的痛苦，和想要的自由綁在一起。

選擇自由不會被支持，而選擇放棄、繼續忍耐呢？會感覺到順從這個體制的輕鬆，但必須從此放下對自由的念想，努力讓自己對缺愛、缺乏尊重、不平等的對待麻木。

因為人就是人，沒有辦法把自己變成沒有感覺的機器，所以無論是哪一種選擇，都一樣是有痛苦的。

⋯

長時間被家裡控制的孩子，一旦不想再被控制，就會被千夫所指。

但是不被理解、被責備，甚至連自己過往的努力都被徹底推翻的那種痛苦，對於一直以來都很乖，壓抑自己只希望能被父母認同的他們來說，就像心被扔在地上踩那樣的難以承受。

所以他們很難堅持貫徹自己逃離的計畫，而是會困在原地，拼命地想要讓對方理解。

也想讓對方承認，自己已經為家庭做了很多事情，是個還不錯的孩子。

但說再多都是白費，因為現在不聽話，以前的聽話也就不算了。

想要自由，就要放棄被理解和認同的渴望，接受自己在別人特別是父母眼中，就是冷漠無情的孩子。

對方會用一連串的否定來控制你，要你打消念頭，不再挑戰父母的控制。

有些人就是因為無法接受這樣的結果，光是想像被自己努力討好的父母指責冷漠，就覺得痛徹心肺，所以一邊說著自己已經無法再忍受父母的毫無關愛，一邊還是繼續承受，這種痛苦當然也就不會停止。

要結束這種動彈不得的困境，唯有置於死地而後生，徹底絕望，接受關於父母的愛和肯定，自己這輩子只能斷念的事實。

他們絕對不會承認你曾經努力過也愛過，只會一直指責你現在不受控制的事實。

深愛著父母的孩子必須對父母的愛斷念，那種感覺就像是死過一次。感覺好像看見了在過去，奔跑著把自己所能收集到的草地上最美的小花，滿心期待的送給父母的孩子，現在已經心死了，就只是一個心碎的大人。

然而絕望是新生的開始。

23

改變和對方的共依存關係

⋮

必須要勇敢做出選擇並且堅持到底，
才能對自己產生自信。

談到和家人的相處時，總會有人勸告：「人不能改變他人，只能改變自己。」這句話是沒有錯的，但是去回溯、思考自己和家人相處的經驗，雖然聽起來像是滔滔不絕地談著對方，實際上是在說自己的事。

因為對方的言行態度、價值觀、性格等等對自己造成深刻的影響，所以了解對方有助於了解自己，也因為自己之所以選擇現在的生活、養成現在的思考模式都和對方有關，想要做出改變時，就要改變和對方的關係。

無論對方有什麼樣的問題，如果距離不是那麼親近，不是控制與被控制的共依存關係，也不至於變成破壞力那麼強的武器吧。

家人之間往往過度親近，沒有合理的界線，所以當傷害和控制發生在原生家庭時，對人的負面影響就會加倍，這是我們為什麼要思考這些事情，並且提醒自己做出改變的地方。

想要改變對方是不可能的，所以要改變的不是對方，而是關係。

當你發現對方會傷害你、也確實已經傷害了你之後，你要努力去改變和他的關係。

很多人走不出創傷，是因為和傷害自己的人，已經變成相互依存了。

處於依存狀態下的人即使痛苦也離不開，也會誤以為自己無法離開。

但是如果不脫離，就只是讓這段關係持續改變自己，而且是變成自己不喜歡的樣子，人生也就一直朝向自己不想要的方向走去。

• • •

許多不被愛的人都討厭自己。

特別是討厭自己因為不被愛，而產生的自卑、怯懦、不敢表現自己的心態。但是要改變這樣的自己就一定要改變所處的環境，也就是和讓自己變成這樣的人之間的關係。

精神上受到控制往往是因為現實中無法逃脫，但是反過來說，如果能讓自己在現實中，和控制自己的一方保持距離，精神上就會有解放的可能。

雖然人們總說境由心轉，好像環境不用變，心態調整就好，但這種說法只是在維護現狀，實際上相反的情況更多。

不如說心由境控，人如果一直留在有害身心健康的環境當中，一直在承受別人的控制和虐待，再怎麼努力調整心態、想要做一個樂觀正向的人，也是沒有用的。

所以必須先改變環境，脫離，或至少讓自己逐漸脫離，那些讓自己身心俱疲、想法變得越來越負面的人際關係。

因為重點在了解自己和改變關係上，所以在追求改變的時候，也不建議把自己的想法說給對方聽，對方如果是能理解的人他早就理解了。

如果經年累月下來，傷害和不信任感已經造成，其實你想要做什麼都不需要向對方解釋，因為達成共識是不可能的。

要改變關係時一定會被誤解，也會被批評指責，有些人就是認為家庭裡的受害者沒有資格做出選擇，只能默默承受。

但是當你終於掙脫了對你不公平的待遇、離開了讓你感到不被愛的環境，也會感受到原來人就是必須要勇敢做出選擇並且堅持到底，才能對自己產生自信。

24

不要用一輩子去理解你無法理解的人

⋮

包容是一種美德沒有錯，但也是要看包容的對象是誰、值不值得別人這麼做。

對於你無法理解的人，就不要再試著去理解了，你的責任是理解自己。盡可能地理解自己，包含自己的矛盾、潛意識、沒有辦法坦率表達的情感，你自己也不明白的情緒變化，你要盡可能去了解它，而不是去了解別人。

特別是對於某些相處起來讓人感到辛苦、甚至是痛苦的人，對於這種人說的話不要多做揣測或解釋，不要去想背後的動機和意義，不要去試著「進一步理解」，就照字面上的意思去互動就好了。

應該有很多人會對此感到疑惑吧。

想要和難相處的人和平相處，甚至是關係融洽，難道不就是要更努力了解對方，知道有些話他為什麼這麼說、這麼想呢？

但是，對於某些非常擅長以暗示、迂迴、拐彎抹角的方式溝通，暗示你照他的意思去做，卻絕對不說出自己真正想要什麼的人，你去多做揣測，正好是落入他的陷阱。

不說出自己的要求而是讓別人去猜，這就是不為自己的要求負責。跟這種人相處你若是主動去揣摩上意，久了就會有必須要理解他的壓力，當你無法理解時，還要被指責不貼心。

但是當你正確地解讀他的暗示，主動配合他時，又會變成是你自己要這麼做，他於是絕對不會稱讚、或者肯定你對他很好。

他會把一切都視為理所當然，他沒有責任、更不需要以善意回應。

這就是為什麼面對這種人，你不需要努力去理解他，要知道他們就是用這種方式控制別人，還推掉在關係中必須和別人禮尚往來的責任。

• • •

把對別人的關注收回，不再強求自己去理解別人還有一個原因，就是對於過去，或者現在仍在持續發生的傷害，當你努力去理解，或者被別人要求理解時，往往附帶了「理解就要包容」的壓力。

那就是一種不公平的待遇，只要你不願意包容或默默承受，就會有人指責你「什麼都不理解」，但他們卻從未想過要去理解你。

理解歸理解，包容歸包容，有什麼道理理解了對方的難處，也理解了傷害為什麼會發生，受傷的人就一定要包容這些造成痛苦和傷害的人呢？

包容是一種美德沒有錯，但也是要看包容的對象是誰、值不值得別人這麼做，有些人傷害或利用別人不是有什麼難處或不得已，單純就是性格或人品有問題，就算理解他究竟是怎麼養成這樣的性格和習慣，包容這樣的人也沒有意義。

有些人單方面要求受傷的人去理解，要他們知道傷害的發生是有緣由的，但出發點卻不是為了保護受傷的人、希望他們得到療癒，而是要他們知道了這些之後就不要再提、不要追究，甚至是繼續承受傷害不要反抗而已。

25

了解自己經歷過什麼，是為了不讓痛苦延續

⋯

重新養育自己，
讓自己發展出好的力量。

一談到過去就有人會說：無法改變的事情為什麼要想那麼多，像丟掉舊行李一樣拋開過往，向前看比較好吧。

覺得唯有這樣才算是不受困於過去、積極向前的人。

但人沒有辦法在從未好好思考過過去的情況下，開創全新的未來。

因為過去已經在我們的身體和心靈，留下了很多類似軌道那樣的東西，在無意識的層次影響著我們如何思考、行動，操控著我們的生活。

了解過去才能夠擺脫過往的控制，讓那些已經變成慣性的思維模式，從無意識中浮現上來，才能夠重新做出選擇。

人要意識到自己經歷過什麼，特別是痛苦的經驗，想通事情是怎麼發生，能夠療癒它留下的傷痕。

在沒有愛的家庭裡成長，有些人沒有察覺自己的內心因此受傷，但是得不到愛、被不平等對待的痛苦和委屈依然存在，就會為了要合理化自己的疼痛，對自己說那是理所當然、沒辦法、不可能改變的事情。

一旦認定「這是只能接受的現實」，無論是對待自己或他人，都會把這種痛苦延續下去。

舉個例子，就像那些深受重男輕女所苦的女性，有些人依然能夠成為有愛的母親，但也有些人，是在成為母親之後，依然用同樣貶低女性的方式在對待女兒。因為她將自己的委屈合理化，認同了不平等的體制，說服自己接受這是「身為女性就別無選擇的事情」。

為了不讓自己去想，為什麼有人的父母不會而我的父母就是這樣，她就欺騙自己：全世界的女兒都是這樣辛苦的，這是宿命。

因為從來沒有認真去思考，自己為什麼會這樣想，被這樣對待時又為什麼不敢去質疑，有多少社會不平等的結構在當中運作，當角色對調時，她就很難意識到，其實父母要怎麼對待孩子，是一系列的選擇，並不是父母的、也不是孩子的宿命。

自己可以選擇跟上一代不同的選項，不再重男輕女，改用平等的態度對待孩子。

人會受到自己沒有好好面對，也沒有處理過的創傷所控制，許多是在無意識的情況下發生的。

所以不要逃避去面對問題，在悲傷和痛苦襲來時，要讓自己思考為什麼，才是治癒自己，也善待他人的開始。

很多親子關係不睦的人心裡都有一種恐懼，害怕自己會變成自己不喜歡的樣子，用自己不喜歡的方式對待別人。

代間複製這四個字非常沉重，讓很多人不敢建立自己的家庭，即使想，最後還是選擇迴避親密關係。

害怕跟別人相互了解之後，自己在無意識當中，受到原生家庭的影響就會浮現上來。

那種感覺就像心裡藏著一頭猛獸，不知道何時這個陰影會將自己吞噬，擔心著或許自己有自己也不了解的一面，或許那些悲傷和憤怒，會變成對人的敵意無法控制。

但是原生家庭對人的影響雖然深遠，人也還是可以改變的。人可以重新養育自己，讓自己發展出好的力量，無論曾經體會過怎麼樣的缺愛，都有能力自發地去愛人。

前提是要能意識到自己在哪一方面的經驗有所缺乏，就像重新尋找適合自己成長的土地，讓自己體驗有愛和安全感的生活。

也有些人認為，自己從沒有被父母用溫柔的態度對待，所以不可能學會溫柔待人。

但是人可以從觀察別人的過程中學習，那就是人和其他生物最不一樣的地方，人的行為並非完全受本能操控，而是可以在觀察他人時，對行為本身做出思考並加以選擇。

所以即使沒有被人說過溫柔的話，也能夠溫柔地對待自己和別人。

前提是要先相信自己做得到，並且努力去做才行。

很多事情其實是先有意識的去做，才有可能變成無意識的習慣，持續地自我提醒、自我修正，有一天就會發現，原來人可以突破成長環境的限制，不用自己從小被對待的方式對待別人。

人能夠結束代間複製、做出改變和選擇。那時感覺到自己是一個有能力重新成長的人，能讓人產生信心，相信自己可以不受過去的制約，活出真實的自己。

26

小心那些叫你多看看好的、放下壞的的訊息

⋮

生活在這個家裡的人是你，你最清楚自己受到的對待。

我們這個社會，認為和家人劃清界線是一件不得了的大事，所以除非非常嚴重又明顯可見的事情，否則一般人聽到你要和家人保持距離，都會有些質疑。

真的有這麼嚴重嗎？對方有那麼壞嗎？

還會一直提醒你多看看那些好的部分。

但是「多看看好的，放下壞的」，其實就是要你對自己承受的「不好的部分」照單全收。卻忽略了在一個正常的、相互關愛的家庭裡，其實家人之間，特別是父母，對孩子一直都是「好的」。

這不是說他們一直都相處融洽，而是說即使會有因為觀念不和、個性不和，覺得對方難相處，相處起來很麻煩甚至會吵架的時候，也沒有所謂真正的「壞」，不會為了滿足自己而去傷害對方。

而有些家庭則不是，有些家庭的父母是真的會對孩子「壞」，也就是為了自己的利益會去傷害孩子的身體和心靈，讓他沒有能力，也沒有自信去過正常的人生。

父母為了滿足自己的需求會把孩子留在身邊，而這樣的孩子就算想逃，也會被說父母至少有把你養大，好像活下來的代價就是，要一直留在生養自己的人身邊而忽視自己的痛苦。

有些家庭的父母對待孩子，態度是一下好一下壞，全憑當下的心情，孩子無所適從，為了揣摩父母究竟要什麼而耗盡生存能量，沒有辦法去做其他自己想做的事。

在這種家庭裡還被說多看看好的，放下壞的，就跟面對偶爾會家暴賭博的人，要求他的伴侶睜一隻眼閉一隻眼，忍受那些「偶爾」會發生的壞事一樣。但有些傷害只要發生過一次，就會摧毀一個人的心智，是要花很長時間，在很多人的幫助下才有可能得到治癒的。

把父母對孩子嚴重的傷害和控制，和普通的人際衝突混為一談，受害者就會被要求大事化小、小事化無。

而方法總是讓孩子忍受更多傷害，要他們不要計較，讓事情過去就過去。

「沒有人完美的。」有些人這麼說，等於是暗示想要和家人保持距離的人，就是對人苛求，完美主義。

這種說法也是對受害者的二度傷害。

如果親子關係只是不完美但是有愛，就不會那麼想要、甚至是需要脫離這個家庭，才能夠保護自己了。

家庭裡發生的傷害，嚴重程度可能有很大的差異。小事情互相包容沒有錯，但是那些比較嚴重的，對人的不尊重和剝削，甚至對身心健康造成威脅的行為，不應該要求受害者一直去想：對方還是有其他做得不錯的事情。

• • •

人在一個環境、一段關係裡，若是感覺不太對勁甚至是緊張害怕，那絕對是警訊。

這種情緒就是大腦在告訴你：這個環境或環境中的某些人，是你需要提防注意的。

有些人在家庭裡從來沒有過要提防某人的感覺，所以聽到別人和家人的關係如此緊張，會覺得驚訝，卻沒想過自己可能是特別幸運，才不能理解別人的痛苦。

有些人是在家裡也活得戰戰兢兢，總是在害怕自己說錯話、做錯事，但即使沒有犯錯也會禍從天降，突然被遷怒，或者是必須要處理沒人願意處理的麻煩。

如果你是後者，卻一直聽見別人對你說：「事情沒有那麼糟」、「是你想太多」、「太敏感」、「多想想好的地方」，你就會從直覺感受到「事情不太對勁」，轉變成開始懷疑自己原本正確的直覺，甚至覺得是自己有問題。

一旦覺得問題出在自己，就會想要改正，努力反省並修正自己，但是如果你其實不是問題的源頭，你再怎麼努力改變和調整，這種讓人緊張不安的環境也是不會改善的。

所以遇到這種事情的時候，要相信自己的判斷。

生活在這個家裡的人是你，別人其實什麼都不知道，你不需要向他們解釋或說明，因為你最清楚自己受到什麼樣的對待。

選擇離開也不表示你不包容、對人苛求完美，而只是為了要保護自己，要正常的生活。

有時候人會把自己逼到倒下、心靈崩潰，就是因為聽了太多別人自以為是的建議，而忽略自己「早就應該要逃」的內心聲音吧。

27

家庭裡的事情是外人無法明白的

⋮

家庭就是一個有很多事情不為人知，也很難說明到能讓外人理解的地方。

聽見別人的事情時，就用自己的經驗去認定別人應該要怎麼做，甚至貶低不同的做法，都是一種侵犯他人界線的行為。

但是一談到原生家庭議題，就會有很多人侵犯他人界線，因為家庭雖然屬於每個人的私領域，但是對於家庭應該要如何的想像，一直都屬於公共的範疇。

有些人就因此把社會對家庭的刻板印象套用在別人身上，認定多數人的家庭是好的、是溫暖的避風港，那麼就應該沒有例外，即使遇到了例外，也會認定這是因為當事人沒有努力去修補、去改善自己家庭關係的緣故。

不幸生在缺愛家庭裡的孩子，還要為了自己得不到父母的愛負起責任，逃離原本是為了求生不得不的手段，也有維護自己身心健康的積極意義，卻被貶低成不負責任的行為。

有些孩子說出自己被父母錯待，痛苦到想要逃離的經驗，還會被說：你爸媽人很好耶，我相信他真的很關心你。

能這麼說的人，是跟話題中的父母維持良好關係的吧。

但是要怎麼知道，能夠和朋友維持良好關係的人，就一定是關心孩子的父母呢？

人對自己家人和外人是不一樣的，身為外人卻以自己的經驗，認定對方既然是一個好人，在家就一定也是很好的父母，其實是很荒謬的推理。

家庭就是一個有很多事情不為人知，也很難說明到能讓外人理解的地方。每個家庭都有自己的過去，那些長期發展出來的潛規則，已經變成習慣的相處模式，是那些事情共同塑造出一個家的氣氛和文化，很難用言語傳達。只有身在其中的人才能知道並且理解，所以才會說：每個家庭都是不一樣的。

打個比方，有些家庭的家人之間的對話，直率到近乎粗魯，旁邊聽到的人都會懷疑他們是不是在吵架，當事人卻不懷疑彼此是可以真心信任的人。

也有些家庭家人之間是客客氣氣，表面看起來很好，卻因為是家人，彼此都知道對方心裡充滿了不滿和怨懟，有些說的很好聽、充滿善意的話語，反而是包裝良好的勒索和威脅。

外人只能看見一個家庭的表象，沒有辦法知道家庭的真實。

一旦你決定和家人保持距離，一定會有人宣稱為你好而提出建議，其實只是希望你做出對他們有利的選擇而已。

特別是那些跟你的家庭有些關係，同一個家庭、或者是家族的人。

這些人有可能意識到自己的自私，只是把為了自身利益說謊視為理所當然，也有可能缺乏自覺，真的相信自己出於善意，但是無論是哪一種，都只有你才能判斷，究竟什麼選項才最適合你。

畢竟即使懷抱善意，也不表示能夠做出最好的建議不是嗎？所以你不需要因為對方強調自己是好意，就不好意思不聽對方的話、不敢否定對方的意見。

同一個家庭的人通常會想要打圓場，因為如果能勸你凡事和解，讓你繼續待在那個對你有害的地方，對他們比較有利。

特別是那些家有控制狂的人，有可能你一離開，下一個受害者就是他們。

所以他們即使認可你的痛苦，還是會說「留下來對你也有好處」，藉此保全自己。

社會上多的是用美好的說法來包裝自己私人利益的人，這一點在家庭或家族裡也是一樣。

家庭優先的主流看法，也只是更方便他們用來說服在家庭裡受到剝削或控制的人，繼續忍耐以「顧全大局」。

但是大局究竟對誰有利，對你沒有愛的家，究竟還值不值得你犧牲自己，你也必須好好思考判斷才行。

28

犯錯時父母總是自圓其說，孩子對是非對錯的判準就壞掉了

…

沒事就指責孩子「不寬容」的父母，常常是對孩子最不寬容的。

有些孩子總是被要求理解父母的心情，即使是他們受到父母的言行傷害，還是會被說「父母沒有惡意，是你不懂他們的用心。」就這樣父母變成受害者，孩子變成誤會又抹黑父母的壞人了。

覺得是自己錯了的孩子，只能更努力去理解父母的心情，而且是「按照父母想要的方式」去理解的。

從原本身為孩子，本能的不願意把父母想壞，逐漸變成是「不能」把父母想壞，有些人辨別什麼樣的言行是「壞的」的判斷機制，就在這個過程中壞掉了。

舉個例子，父母如果平時都對孩子很好，只有在心情不好時才虐待他，孩子說自己感情受傷了就被父母責備：爸爸／媽媽只是脾氣比較不好，平常都對你很好不是嗎？你有必要過度反應嗎？

這就讓孩子覺得，大部分時間對自己好的人就是「好的」，偶爾的暴力是「小事」，自己會有受傷的感覺是誤會，自己對別人太計較、太不寬容了。

長大後他遇到平常很溫柔，但是喝醉酒或心情不好就家暴的人，就會覺得「其實他對我還是不錯的」了。

如果真的受到嚴重的傷害想要逃回家，也未必能得到父母的保護和支持。可能還會被指責「自己不會看人」。但他們為什麼不會看人、無法辨別誰是危險的、會傷人的對象，父母就是那個始作俑者。

父母怎麼樣對待孩子，就是在告訴他：「被親近的人這樣對待是可以的」。

• • •

父母如果是自私卻又能言善道的人，就會用這份表達能力來維護自己，為自己錯誤的行為開脫，孩子還小，是非善惡的觀念還很懵懂，關於什麼事情可以什麼不行的觀念，就會在最一開始的時候被父母扭曲。

想像一下如果是成年人被打，後來聽到「我平常也對你很好啊！偶爾打你一下有那麼嚴重嗎？」這種話，大概也可以反擊：那我也可以這樣對你嗎？我現在心情不好可以揍你出氣嗎？反正我平常都對你很好不是嗎？

雖然每個人的反應時間有所不同，也有可能性格比較膽怯的人，即使內心這樣想也沒辦法做到反駁，但是不管怎麼樣，成人有一定的社會經驗和表達能力，就是沒有那麼容易被操弄的。

但是孩子還小沒有這樣的能力，面對父母的權威也沒有反駁的勇氣，回話會被認為是頂嘴，受到更嚴重的懲罰，所以父母說得振振有辭時，他們只能接受而已。

很有可能就因此建立錯誤的觀念，覺得在一段關係裡，自己偶爾被傷害或攻擊都是合理的。

而強調「大部分時間都對你很好」的人，其實最不能接受別人反過來這樣對待他們。

所以這樣的父母可以要求孩子承受自己偶爾的暴力，覺得自己多數時間都「還算正常」就很好，但孩子平常都很溫順只是偶爾一句不同意見，他們就會把孩子打入地獄。

沒事就指責孩子「不寬容」的父母，常常是對孩子最不寬容的。

父母如果真心為孩子好，即使孩子年紀還小的時候，自己犯錯，也會承認自己「錯了就是錯了」。因為那就是在幫助孩子建立長大後自我保護的機制。遺憾的是有些父母心裡只有自己，什麼都只想到自己的感覺和形象，對他們來說最重要的是幻想自己是完美無缺、不會犯錯的父母，就絕對不可能坦誠認錯。

察覺到自己的判斷因為被父母從小錯待而扭曲，就要回溯童年時，和父母的相處經驗，拿來和現在自己與他人的相處做對照，檢查自己是否延續了小時候，為了生存而發展出來的行為和思考模式。

當知道自己的直覺反應，都是因為父母錯待而形成的，就要努力把它扭轉過來。

當有類似事件再度發生，不要讓自己想都不想地做出回應，要知道人的下意識反應就是童年經驗的重現，所以要先冷靜下來，思考什麼才是對自己好，也和他人互相尊重的選項。

29

了解自己選擇承受痛苦的意義

⋮

即使是自願留在對自己有害的環境中，精神上還是會被逼到極限。

人都有慣性，也會覺得未知比什麼都來得可怕，所以一旦從小習慣了某種痛苦和壓力，要走出這樣的環境，試著去選擇不痛苦反而是更難的。

特別是如果這份痛苦來自原生家庭，總會有人說血緣是切不斷的、忍下來也是為自己好、再怎麼樣也是家人……總之，想要走出去的念頭浮現時，就會同時感受到自我懷疑和外在的壓力。

所以才會有人說：一直都這樣我已經習慣了、反正他們就是這樣我早就斷念、就這樣吧也不可能更好了、反正沒救了……用各種說法說服自己放棄改變，繼續忍受對自己不公平、只是在不斷累積傷害的待遇。

但人雖然可以選擇忍受痛苦，卻沒有辦法承受「沒有意義」的痛苦。

就像精神醫學家維克多．法蘭可所說的：人需要意義去對抗生命的虛無。

所以當你承受到了一定程度，身心健康都出現警訊時，一定要問問自己——我選擇承受這種痛苦，究竟有什麼意義呢？

有些人是寄託宗教，相信這輩子忍受虐待是為了消除業障，也有人說服自己相信，無論如何，做一個「好孩子」在道德上是至高無上的，儘管這樣的想法本身就可能是出於父母的洗腦，但是，無論那個對自己而言的意義是什麼，因為找到意義所以選擇不做任何改變，和因為覺得做什麼都沒有用而「放棄掙扎」是不同的。

明明就很痛苦，也不覺得這樣受苦有什麼意義，卻還是放棄掙扎的人會被虛無感淹沒，會一直問自己，忍受這些到底是為什麼，為什麼為別人付出卻淪為工具，到最後即使是自願留在對自己有害的環境中，在精神上還是會被逼到極限。

比具體的痛苦更難以承受的是，覺得自己浪費了自己人生的那種虛無。

所以儘管改變很難，想要走出去嘗試不一樣的生活，要克服被千夫所指，好像自己是壞孩子的那種痛苦和委屈也很難，但還是想對這樣的孩子說：不要放棄找到自己真正的歸屬。

就像日本作家小川洋子，和心理學家河合隼雄在對話集裡說的：活著，就是尋找自己的意義、創造自己的故事。

明明已經經歷千辛萬苦卻還是找不到時，就該知道自己的立身之地不在這裡。不應該活在不珍惜、也不尊重你的人的身邊。

不要放棄自己的健康，不要放棄可以過得更正常、體會愛與被愛的生活的希望，人生只有一次，每個生命都是很珍貴的。

・・・

拼命努力仍然得不到認同的時候，會覺得自己到底在做什麼？有這種感覺，表示你其實一直不是在為了自己努力。

有些人在中年的時候或者更晚，會突然產生疑惑，甚至開始覺得害怕。但是，雖然「我一路走來到底在幹嘛……」、「我是不是都在浪費自己的人生」這種種的想法都很可怕，也不要逃避它。

好好的面對自己的真實想法和感受，因為這是一次重整自己，把自己的人生找回來的機會。

很有可能會意識到，自己始終被別人設定的目標控制，為了別人一句肯定、一份愛的錯覺而努力，卻沒有真實地在過自己的人生。

30

一直被否定
就不要再拼命努力了

⋮

想要改變別人的想法，是最沒有用的努力，
可以改變的只有關係和距離，還有自己。

自己的忍耐對對方來說什麼都不是，這是有些人沒有辦法離開有毒關係的原因之一。

因為當他們想要爭取公平，也想表達自己的感受時，就會被對方否定。對方的回應是沒有這回事、根本不懂你在說什麼、明明一切都很好、你明明過得很輕鬆、你什麼都沒有做……聽到這種話，一直以來在顧全大局而默默努力的人，一定沒有辦法接受，忍不住反駁的同時，無意識地，也會想要留下來說服對方，繼續努力證明自己。

但是不再被否定的唯一方法，其實只有轉身就走而已。

留下來只會面對更多被否定的痛苦。

離開這段被否定的關係，為自己痛哭一次或無數次，你可以把你原本拿來討好和試圖溝通的心力，都用來安慰自己、保護自己。

被罵就被罵，被誤解就被誤解，不管他們的指責再怎麼傷人和冷漠，轉過身大步向前吧。

在有人理解你的地方你可以尋求安慰，也可以自己擦乾淚水，至少那樣的傷害不會一直重複發生，那些否定不會再繼續累積。

難以釋懷的事情不用勉強釋懷，但是至少要讓它無法持續。

想要改變別人的想法，是最沒有用的努力，可以改變的只有關係和距離，還有自己。

你沒有辦法讓一個人不去否定你，只能拉開距離到你聽不見那樣的否定，把你的注意力轉移到其他努力會有成果的事情，可以幫助你重新找回自信，和能理解你、珍惜你的付出的人在一起，也能讓你感覺到自己的存在價值和努力的意義。

在對你的付出無感的人面前，你就算能一一列舉自己的付出也是沒有用的，你會發現對他們來說你做的事都不算什麼，而你沒有做到的卻很嚴重，隨時都要提出來攻擊你，好像你做的還不夠多、不夠好。

而當你對此有所抱怨，想表示自己受到傷害時，又會有人對你說：不要那麼計較，歡喜做甘願受。

但是這些人可能是因為自己沒有類似經驗，就不知道這種傷害有多深刻，或者是堅持認為無論如何，關係的「形式」都比個人的身心健康重要，你一旦選擇守護自己的身心健康，就要和給出這種事不關己的建言的人保持距離。

在一段距離很親近的關係裡，無論付出多少都被否定，那對心理健康是一種毒害，要學習遠離這樣的關係，守護自己。

・・・

脫離一段長期付出卻得不到回應的關係，人可能會覺得茫然。因為已經習慣了用付出爭取愛，即使爭取不到，也會覺得現在放棄，是不是就前功盡棄了。

但是即使是在家庭裡，愛也是很講緣分，即使你付出很多，不愛你的人還是不會回應你。

無論你做了多少都是理所當然，不會覺得感動，要的只是你付出的成果，又不允許你遠離。

這時你的離開並不是前功盡棄，而是認清了事實，要開始珍惜自己的人生，不再為沒有意義的目標努力。

人總是不會為了理所當然的事情感動。而在家庭當中，父母可能因為各種原因，而無法看見孩子的好。

也許是因為孩子的性別，也許是出生的排行、出生時家裡的狀況、婚姻關係等等，總之，父母對於自己比較不愛的孩子，無論他做多少都不會感動，但能夠感動的人其實比較幸福。

就跟知足常樂是一樣的道理，容易知足的人，能夠從日常中體會到，很多看似尋常的事情都是幸運。

31

不再追求成為父母眼中的好孩子

有些父母總是要孩子感恩，
但他們要的感恩其實是服從。

日本作家中脇初枝有一本短篇小說集，叫作《你是好孩子》，書名就足以讓人落淚。

內容在說對於那些在原生家庭不被愛、被忽略甚至是虐待的孩子來說，有時旁人的一句「你是好孩子」就能改變他們的一生，因為人如果一直相信，自己不被善待是因為自己不好，這種錯誤信念就會讓他們無意識地重複對自己不好的選擇，像被詛咒一樣破壞了自己的人生。

其實很多內心受傷的孩子都是好孩子，小時候沒做過什麼壞事，長大後也能獨立生活，性格上沒什麼嚴重問題，但是就因為對他們的父母來說，「普通」就是不夠好的，不能滿足父母更是罪大惡極，所以這些孩子也從來不覺得自己好，而是覺得自己很壞，沒有得到旁人善待、讚美和肯定他們的價值。

有可能是事業成就達不到父母的要求，也有可能是無論付出多少感情，都彌補不了父母內心的空洞，總之父母總是在責怪他們不夠好，批評他們不是父母想要的，甚至計算他們浪費了父母多少時間和金錢，生出來只是破壞了父母的人生。

虛無縹緲又求之不得的好孩子評價，和永遠揮之不去的「破壞父母人生」的罪惡感，變成這些孩子一輩子的束縛。

讓他們在聽見別人說「其實你很好」的時候，就會湧上淚水。

• • •

旁觀者看來，有些父母其實真的已經得到了非常努力在為他們著想的孩子。但他們始終覺得不夠，看著別人親子關係和諧，不覺得問題出在自己過高的標準，而是會去比較，自己的孩子和別人比起來，是不是還是少了什麼。

別人是怎麼經營他們的親子關係，也許也有很多看不見的付出，但這類父母不會這樣想，而會認為是孩子不夠懂事、不夠努力、不夠「會想」，自己想要的得不到就批評孩子冷漠、對父母不夠關心。

孩子怎麼樣都沒辦法滿足父母，就會覺得人生盡是些努力也沒用的事情，時常感到挫折，很少對自己滿意。

這種挫折感持續影響他們的性格，讓他們以為自己天生自卑、悲觀，而實際上他們可能都有變得樂觀的潛力，讓他們感到人生無望而且自己一無是處的，是努力的目標錯了，比起追求自己真正想要的人生，他們一直在努力追求的，是成為父母眼中的好孩子。

•••

也有些父母總是要孩子感恩，但他們要的感恩其實是服從，所以孩子再怎麼感恩也沒有用，因為沒有人能夠一輩子抹煞自我，只為別人活著。

有些人就傻傻的，一直想學如何表達感恩，三節送禮物、包紅包、努力聽話、配合，學著撒嬌嘴甜，對爸爸媽媽表達愛意……最後還是徒勞。父母還是動輒批評：養你這麼大，你還不知感恩。

努力的方向錯了就不可能達成目標，因為父母要的根本就不是那些，一般人用來表達感恩和善意的事情，他們要的是百分之百服從他們要求、達到他們期望的孩子，而且期望還不斷地提升。

一旦你的父母是這樣的人，你就只能接受現實：無論你再怎麼努力，他們永遠也不會認同你是一個懂感恩的人。

一方面人生實在太長，你不可能只做他們滿意的事，另一方面，就算你真的想要放棄自己去順從他們，也總有你力有未逮的時候。

有些人是拚命的想在自己想做的事情和父母的期望之間達到一個平衡，但人生很多事情就是無法兼得，當對方要求的是你的全部，你拿部分出來就是沒有用的。

對於要求服從的父母來說，你這輩子都是不知感恩的子女，還可能一點小事就會被他們討厭甚至怨恨，他們不會反省自己的要求不合理，而是把什麼都跟感恩掛勾，動不動就給孩子扣上不知感恩的大帽子，這對努力想要做好孩子的人來說，是很難承受的嚴厲指責。

——要做自己，還是做父母想要的孩子？

但是你有可能成為父母想要的，達到他們對感恩的標準的孩子嗎？有些父母要求的其實不只是聽話，還是什麼願望都能替他們實現的萬能秘書、接近全能的神。

換言之，即使你選擇了不做自己，努力做好孩子，奮鬥一輩子你也是無法成為父母眼中的「好孩子」的。

你永遠是那個辜負了他們、不夠感恩的人。

接受現實，放下不可能實現的目標，朝向可以實現的目標前進吧。只有這樣你才不會浪費人生。

32

改變沒有時間表，不要給自己時間壓力

•••

許多在家庭裡受了傷的孩子，
性格都是耿直的努力家。

在理解童年經驗對自己造成的影響之後，很多人都會急著想要「好起來」。急著想要改變，即使是說著自己「已經沒有救了、不會好了」的人其實內心也想要改變，否則就不需要把放棄說出口了。

但總是容易沮喪，因為改變沒辦法很快看見效果。

習慣了的思維模式沒辦法說變就變，和別人相處時，也可能會採用過去和父母相處時學到的退讓、委屈自己的求生之道，意識到時又感到懊惱，覺得自己為什麼「又來了」。

心理學家加藤諦三就曾經這樣形容：那些被父母說著「為你好」而實際上卻是被父母霸凌的孩子，就像是被邪教洗腦了，逃不開施虐，也無法意識到自己其實是被施虐了。

所以這樣的孩子要找回自己的人生，要先「摧毀那個由施虐者塑造的自己」。

摧毀自己的過程宛如脫離邪教，當然不可能很容易。

人在最年幼無知的階段學到的生存之道，被洗腦而產生的想法，不是說改變就能改變的。

既然是二三十年的塑造，就算努力建立新的模式，也很容易掉回舊的窠臼，然後又開始限制和否定自己。

不敢相信他人，不敢樂觀，不敢踏出雖然不快樂但已經習慣了的生活圈，也總是覺得自己不夠好。

這些在父母的控制和霸凌下成長的孩子，就是這樣被訓練到無法離開，腦海中根深柢固相信自己是沒有能力脫離父母自立的人。

所以如果你就是這樣的孩子，現在意識到了想要追求改變，對自己還是寬容一點吧。

沒有任何成長可以一步到位，想通了就不再重蹈覆徹，或者是做一個決定之後，人就能徹底改頭換面的。

都是慢慢來，有時前進一步退兩步，只能培養耐性，逐漸累積的過程。

不要給自己很短時間就要改變的壓力，成長是一輩子的。

人只要意識到問題就會變得急躁，這是很自然的事。

因為比起懵懵懂懂，即使不快樂、憂鬱、甚至痛苦，但是對這一切的原因毫無意識，只是像在作夢一樣的生活時，察覺到「原來這就是問題所在」的時候，人會感到焦慮，對於無法切斷過去從此煥然一新的自己，也就更容易有挫折感。

覺得自己浪費太多時間在錯誤的目標上，一再重複同樣錯誤實在太可悲了，看待自己的眼光變得非常嚴厲，覺得既然知道問題出在哪裡，就要馬上改正，找回自己的人生。

但越是這樣越能感覺到過往的束縛，想要一次衝破就更覺得動彈不得，這時候比起自責不如理性思考：改變日積月累的習慣，本來就不可能那麼容易的。

父母對孩子的影響，好的或壞的都一樣深刻，被好好愛著的孩子成為有自信的大人，你問他那份自信哪來，他可能也說不上來。

那是在語言能力都還沒發展起來的時候，父母就開始培養他的了。

同樣地，沒有自信，被父母否定和控制的人也是如此，從小到大的教養方式，幾乎可以把一個人就此定型。

所以能夠在成年之後，意識到自己被培養出來的樣子可能有問題、沒辦法讓自己幸福、需要調整，能有這樣的意識已經很了不起了。

不要因為無法短時間改變自己而沮喪挫折，經過那麼多年的塑造，你現在要重新塑造自己，花上比長大成人更多的時間都是很正常的。

只要你知道自己接下來要努力的方向，不再因為父母培養出來的低自尊、缺乏自信，而徹底否認自己有成長和改變的可能，努力突破這樣的限制，就很值得自我肯定。

學習對自己好，給自己充分的時間，不要忘記是在陪內心的孩子成長，要求在短時間看見成果就是嚴苛，和愛自己就又是相反的了。

一直被父母否定的人，對自己的態度會非常嚴格，常常覺得如果自己不是最好的就是最不好的，在追求成長的時候，也很難接受自己的表現不盡理想，不能讓自己滿意。

這種沒有辦法接受普通、還好、尚可，總是覺得自己非常糟糕，只有非常少數的時候能夠覺得自己做得很好，總之在兩個極端之間擺盪、缺乏中庸的心態，就是從小父母的態度嚴格，在他們心裡留下的評價系統。

覺得凡事如果不是做到最好就沒有意義，就像考試拿到第二名不是第一，就沒有價值了。

但是，把自己看得太好或太壞都是不好的。

非得做到完美，否則就覺得自己不夠好，甚至是沒救了的自我評價，對自我成長沒有助益。

看待人的成長，絕對不是態度越嚴苛越好。

可能因為父母用這種說法合理化自己的要求，說追求完美是「應該的」，父母嚴苛是「為你好」，孩子也產生了這樣的誤解，好像人的不完美不是事實，而是不可饒恕的鬆懈。

長大後也用這種方式對待自己，當然會覺得自己很糟，因為所謂的追求更好其實是永無止盡，不會有夠好的一天。

但人的成長本來就是有前進也有退行，甚至可以說一輩子都是在這兩種不同的方向之間拉扯，有時停滯不前，有時前進三步就退兩步，甚至突然退五步讓人懊惱都是很正常的。

人不是機器，不是只要按一個按鍵、做一個決定，就可以從此按照設定好的方向，不會停滯也不會猶疑。

所以只要知道自己的方向正確，朝著這個目標，態度堅定地努力就好了。

過程中的停滯也是「必要的時間」，想像自己就像一棵植物，在不同的季節、氣候下也會停止生長，那是必要的休息。

許多在家庭裡受了傷的孩子，性格都是耿直的努力家。受過很多來自父母的壓力所以很容易就過度努力，重演了過去父母對自己的嚴格。

像是想把不夠好或方向不正確的自己連根拔起那樣，又因為無法一步到位而感到沮喪。

因為一直以來在家庭裡無法放鬆的人，會覺得人活著在這世界上，根本就沒有可以放鬆的地方，人就是要聽取指示不斷修正自己，從父母的指責或者是自己的推敲，判斷出「這裡不夠好」就要拼命改進。

所以就算學到了新的價值觀，想要重新開始練習對自己好、愛自己，也很容易變成「如果我今天沒有做到，就是不夠好的。」

而實際上是連這樣的評價系統都要修正。

要知道自己並不只是要調整努力的目標，從讓父母高興，到放下父母的期待、讓自己問心無愧，還包括了怎麼樣叫作有在努力、可以肯定自己已經很努力了，這些評價自己的方式都要改變。要把過去被父母拉到異常高的標準往下移，要知道真正被愛著長大的孩子就是這樣，會被允許按照自己的步調慢慢前進。

選擇新的生活方式和調整思維時，都不要忘記對自己寬容。

重要的事情往往都很難也很花時間，一點一點慢慢來才是對的。

33

沒有人傾聽的時候，要傾聽自己

⋮

要時常問自己想要什麼，
哪怕一開始能想到的答案，
聽起來還是很消極。

無論有沒有傾聽者，人都要培養傾聽自己的能力。

因為你會在和自己對話的過程中，更了解發生了什麼事和自己被引發的感受，童年時期缺乏父母關心的孩子往往欠缺表達自我的練習，因為父母從來不傾聽他們的心情和想法，但這是可以自己跟自己練習的。

拿一支筆把自己的心情寫下來，或者用講的，拿手機錄音下來，一開始會覺得，我這是在做什麼呢？感覺還是很孤獨啊，甚至覺得我怎麼這麼可憐只能自言自語。

但久了你會知道這就是自我安撫的一種方式，你訴說、表達，然後聽見或看見自己的心聲，人就逐漸地平靜下來。

這個過程就是在陪伴自己。

不要覺得自己陪伴自己就是很悲慘的事情，當你真的有能力陪伴自己時，那種感覺是很踏實的。

就像你活得真的和自己的心靈靠近，你真真實實感受到自己的存在，而那是很多現代人做不到的。

從小被教導做個乖孩子不要惹爸媽生氣，以父母心情為優先的人，可以把這個問題當作一個測試，這樣問問自己：我這麼做，究竟是想要什麼？

如果你發現自己毫無想法，能想到的只有「希望不要惹爸媽生氣」、「希望這次他們能夠滿意」、「希望他們放過我吧，讓我去做我想做的事情」，那你很有可能其實不知道自己想要什麼。

可能你來自一個父母情緒不穩定，家人之間氣氛緊張的家庭，已經習慣了把所有時間心力，都拿來努力讓家庭生活平靜安穩，原本應該要用於探索自己的時間，也拿來努力了解父母、了解其他人的心情。

想著安撫好他們之後，自己才能有平靜的日子，不知不覺人生的規劃也變成：滿足了他們的願望之後，我再來想自己想要什麼。

有些孩子真的就是這樣，比方說父母期望他唸什麼科系、考哪一所大學、找什麼工作，他們都沒有反抗地接受了，而實際上是想著「給父母一個交代」之後再來做自己想做的事。

但會把家庭責任推給孩子的父母其實永遠不會放手，他們也就從來沒有能夠「只考慮自己」的時間了。

成長過程中小孩應該是要越來越了解自己，才能長成知道什麼選項適合自己的大人。

但是在父母的權威高漲，用精神或肢體暴力，或者是操控家裡的氣氛來控制孩子的家庭，孩子一直在接受的訓練是「你要了解父母」。

要知道做什麼會惹父母生氣，合理的或不合理的都一樣，就算父母是不合理的亂發脾氣，也會被要求默默承受。

如果主導這個家庭的是一個時常情緒失控的人，大家就更會期待孩子要乖乖的、不要惹這個人生氣，因為無法讓那個人改變，就要求孩子忍耐他。

孩子沒做什麼卻被找麻煩、被亂發脾氣時，其他人通常不會責怪大人的不理性，而是會怪這個孩子惹爸爸／媽媽生氣，害全家人都不好過，孩子光是努力去討好這樣的長輩就已經分身乏術，沒有多餘的時間心力用於了解自己。

如果你是這樣長大的話，記得時常問自己「究竟想要什麼」吧。因為你很有可能其實不知道這個問題的答案，而是一直在想父母想要什麼。

可能你過去努力的目標，其實都是你認為父母想要你做的事，你的快樂是父母的快樂，你過的是他們的人生。

所以要時常問自己想要什麼，哪怕一開始能想到的答案，聽起來還是很消極。

因為很多被父母的情緒控制了一輩子的人，提到憧憬都只說得出「想要平靜的生活，想要不再恐懼，想要父母放過自己」。

但是時時刻刻把這個問題放在心上，試著想出，並且去追求屬於自己的答案，也是陪伴自己「成為真正的大人」必要的學習。

34

肯定自己的易感和纖細

⋯

即使纖細的特質讓你能感受到別人的情緒，那些情緒也不是你的責任。

容易被傷害和利用的孩子，通常都是個性敏感又纖細的人。

但是他們很少喜歡自己的纖細，因為總是會注意到別人的需要、體貼別人，又被當作是理所當然。

而當他們因為不被善待而感到受傷時，又會被責備「是你太纖細了」、「太敏感」、「想太多了」，當然會覺得自己這樣的性格完全沒有好處。

但如果你就是這樣的人，請你相信自己吧。

相信自己纖細易感的心靈，一定也曾經是某人的救贖。

有些事情就是要非常敏感的人才能察覺得到，也請心疼自己一直以來的努力。

只是要牢記在心的是，即使纖細的特質讓你能感受到別人的情緒，那些情緒也不是你的責任。

特別是那些從小看著爸媽臉色長大的孩子，有些敏感纖細，是被鍛鍊出來的。

因為家庭就是一個孩子的全世界，所以當他們感受到父母情緒不好，就會小心翼翼地想要做些什麼來改善家裡的氣氛。

養成習慣，長大後也很容易在別人情緒不好，感受到對方的低氣壓時，覺得自己必須要做些什麼。

旁人可能會說，「你是自己給自己壓力」，好像只要自己決定放下就能做到不管，但會不會感受到這種壓力並為此緊張，並不是由理性來決定的。

是因為從小就被分配到這樣的角色，身為孩子就是要討爸媽歡心、要讓氣氛和緩，否則可能會失去容身之處的危機感，一直深藏在心裡操控他們，促使他們去扮演情緒照顧者或者是委曲求全。

要放下，不是說說就能做到，也不是只要跟爸媽以外的人在一起，就能夠改頭換面，必須先經歷過一段不算太短的重新適應期，要不斷提醒自己：建立正確的人我界線，讓別人為他們自己的人生負責。

同時還要克服自己這麼做可能會被拋棄、會失去關係裡的位置，甚至被對方攻擊的恐懼感。

必須經歷好多次的內心喊話，提醒自己要勇敢、要放心、學習信任他人。像是握緊拳頭一樣克制著自己不要重蹈覆轍，才有可能慢慢地改掉為他人負責的習慣。

想對因為非常敏感而變成家人的情緒照顧者，甚至是情緒垃圾桶，長大後也不知道如何改變這種關係的人說：別人的情緒不是你的責任。

用情緒明示暗示你「我不開心、我不滿意」以此想要操控你的人，無論如何不是你的容身之處，去尋找真的能安心放鬆的地方吧。

愛你的人會很高興看見你過得自在，而不會總在抱怨你不滿足他們。

練習不要忽視自己的心情。

35

當年無法說出自己的意見，不是你的錯

⋯

學會保持沉默，只是你為了保護自己，發展出的求生之道而已。

如果你是成年後想要脫離父母管控的孩子，想起過去可能會覺得後悔，覺得要是當時，把想說的話都說出來就好了。

後悔有太多事情都默默承受，才會讓其他人習慣你的退讓，現在你一有抗議就被千夫所指。

讓關係發展到再不離開可能會活不下去的程度，而保持距離一定又會被大家指責，必須經歷一番痛苦的撕裂，這些不好的發展，你都覺得是自己造成的。

但是你的這個想法，就已經顯示出你是一個過度負責的孩子了。

你不會責怪父母不理解你，反而去責怪自己沒有勇氣、沒有把自己的意見表達清楚。

但是你在這個家長大的多數時間，不還只是個需要人照顧、各項能力都還在發展中的孩子嗎？

親子之間該怎麼相處的界線、真實想法的交流，為什麼會是身為孩子的你來負責呢？

你有能力堅持做到界線管理，在大人們踩線的時候，和他們溝通並表明這是不可隨意侵犯的嗎？

這麼做，你不會被進一步傷害或攻擊嗎？

當時沒有說出真心話可能讓你感到後悔，但是你很有可能，當時就是身處在沒有辦法說出真心話的環境。

身為一個小孩，沒有信任的大人在身邊，說出真實的想法可能會被攻擊和傷害，你在這種情況下學會保持沉默，只是你為了保護自己，發展出的求生之道而已。

大人們把關係失敗的責任都推給你，不設身處地為你著想，卻說是你不懂溝通，「有事為什麼不講」，現在是要看清楚事情的緣由，把至少一半的責任還給他們的時候了。

• • •

親子關係不和諧，有些父母還會責怪孩子，說是因為他們不夠圓滑、不會撒嬌，嘴不夠甜又不夠貼心。

好像自己只能跟討喜的孩子相處，親子關係不融洽，也全是孩子的責任。

究竟成年人負責引導、教孩子學習表達自我、建立人我界線的責任在哪裡呢？關係經營難道能夠只靠孩子單方面的努力，而且他的各項能力，明明都還不成熟不是嗎？

一直被這樣指責，暗示「問題全出在你」的孩子，就養成了自責的習慣，家裡氣氛不好就覺得是自己不夠圓滑，不懂得打圓場，被父母攻擊就覺得是自己的表達能力不好，沒辦法讓父母理解自己沒有惡意，父母抱怨配偶，就覺得是自己不懂得做人，沒有辦法當好父母和伴侶的橋樑……

一旦有什麼事情不順利就覺得是自己沒做好，想像別人家裡不會發生這種事，是因為在那裡有一個比自己更懂事、更討喜，也更會做人的孩子。

這種一切責任都在於自己的思維模式，由不負責任的父母養成，還會一直延續到成人，讓你一直遇到不負責任的對象，用同樣的方式把責任都推給你。

所以當你下定決心要改變的時候，不要責備過去的自己沒有做好，而是要想當時的你已經為了保護自己盡了全力，現在情況不同，是你要改變作法的時候了。

36

受虐的孩子會把忍耐當成努力的證明

⋮

一段健康的關係，
其實不會有人在拼命忍耐。

親子關係裡如果有不合理的對價關係，比方說：父母生養你，你就應該要聽話、要順從，否則就是不知足、不懂感恩，孩子就很容易產生錯誤的認知，好像要表達對人的感恩或回報，就是無論發生什麼事情，或者是對方做了什麼不好的事情，都是不要抱怨、忍耐就對了。

這樣的孩子長大以後，如果不是自己斷了對親密關係的渴望，就是很容易與難相處，甚至有虐待傾向、控制狂的人在一起。

因為他們從小就習慣了忍耐。

那些在正常家庭中成長的孩子，被父母尊重，並且關愛著長大，能夠知道什麼是不合理的、不需要忍耐的。

因為他們的父母不會強調自己提供了物質，就要孩子承受虐待、不愛，甚至是暴力，相處時有意見不和、產生衝突的地方，也能夠彼此討論和溝通，不會要孩子全盤接受。

但是在什麼都要求孩子忍耐，並且將忍耐呈現為「對父母應有的回報」的家庭裡成長的孩子，長大後會用「忍耐」來表達自己對關係的重視和付出，他們沒有辦法判斷什麼是應該要忍耐、什麼是不應該忍耐的事。

一段健康的關係，其實不會有人在拼命忍耐，如果關係中的一方，要求另一方忍耐的事情沒有上限，這種關係根本也就不值得維持。

但是被父母灌輸錯誤的觀念，以為愛對方就是什麼都不要抱怨，要證明自己可以為了對方過不快樂、壓抑自己的生活的孩子，就是不懂這樣的道理。

因爲他們在成長過程中一直被教育：父母生養你已經很偉大了，你在他對你不好時忍耐是應該的。不知不覺中也開始相信忍耐是關係中的美德，是自己為了對方努力、愛對方、回報和感恩對方的證明。

…

習慣忍耐的孩子在關係中，即使被用很糟的方式對待，感到非常痛苦時也不會果斷逃走，而是會陷入迷惘、不知該如何是好。

對別人來說很容易判斷：是做出讓別人必須痛苦忍耐的事情的人不對。

對他們來說卻是反直覺的，因為他們從父母那邊學到的是：都是不能忍耐的自己不對。

換言之他們認為，如果愛一個人意味著對關係有責任，那麼自己的責任就是忍耐，脫離這段關係甚至是逃離，就像是不負責任的行為。

關係中如果發生不好的事情，比方說在對話時，對方勃然大怒就暴力相向，他們也不會在第一時間意識到暴力是不對的，而會懷疑是自己說錯話，把對方激怒，是自己沒有忍住的關係。

追溯源頭還是要回到他們的原生家庭，到底給了孩子多少忍耐教育。

有些父母為了自己方便，什麼都要孩子忍耐。

畢竟懂得忍耐、不會反抗也不吵不鬧的孩子，帶起來比較輕鬆，所以就為了自己能夠便宜行事，形塑孩子錯誤的價值觀。

——平常對你那麼好，只是「一點小事」你就不能忍耐？

幾乎是無意識的、狡猾的，在模糊「一點小事」和精神、肢體上的暴力，這種其實發生過一次就會摧毀信任的事情之間的差異了。

這樣的父母明明是自己做了讓孩子痛苦傷心的事情，卻總說是無法忍耐的孩子不對，在孩子心中種下自我懷疑的罪惡感，自己則過得心安理得。

長大之後，如果你發現自己陷入不斷重複發生的困境，總是吸引到控制狂、虐待狂、還有那些表面上很好其實表裡不一的人，就要去檢視自己在原生家庭，是不是建立了關於忍耐的錯誤信念。

沒辦法清楚劃分需要忍耐／不需要忍耐的事情之間的界線，遇到不公平的事情第一時間會想：只要我忍耐就好。

沒有辦法馬上意識到這是不公平的、不對的、應該要站起來抗議的，就是你從小習慣接受不公平待遇的證明。

要把錯誤的價值觀徹底推翻，人與人相處雖然不可能事事如意，但也不應該凡事都讓你一個人忍耐。

不尊重、不在乎，振振有詞地說著包容是關係中的美德，自己卻從不包容別人，什麼錯誤的言行都要你忍耐的這種關係，就是不需要忍耐，應該轉頭就走的。

37

停止追求父母的認同，也是一種對自己的愛和關心

⋯

父母失望孩子還不夠完美，
孩子失望自己得不到肯定，
最終是沒有人得到滿足的循環。

有些人從來不給身邊的人肯定，從來不說他們做得好、值得讚美或感謝，是為了要控制別人。

雖然不一定有非常清楚的自覺，也可能自認為出於善意，就像那些從來不稱讚自己的孩子「很努力」的父母，從來不說「已經很好了你真的很棒」這種話，就是覺得一旦稱讚了，孩子可能會因此自滿，設下更高的目標是為了讓他更努力。

所以他們能給的最高讚美就是「不錯，但是還可以更好」。

但這麼做的副作用就是，孩子因為永遠得不到的一句你很棒、很好、很努力，一直在對抗內心的失落，還有自己永遠不夠好的自我批評。

因為支持他努力下去的，是父母虛無縹緲的讚美，很容易感到空虛，覺得人生再怎麼努力也沒有意義。

但是對於某些父母來說，養出不為自己，只為父母的滿意而拼命努力的孩子，會讓他們覺得自己是「成功的父母」。

這項事實總是讓人覺得有些傷感，因為他們並沒有想過，在自認為「教養成功」的時候，養出的其實是沒有自己的目標，不知道怎麼珍惜自己、肯定自己的孩子。

很多看起來很振作，總是很積極向上的人，私下還是受到虛無感、憂鬱、找不到意義所苦，就是因為他們並不是為了自己才那麼努力的。

從來不被父母肯定，感受不到自己很好的人，並不是都如一般人想像的那樣，會把頹廢和厭世寫在臉上，而有可能是完全相反——是一直非常努力，只要有點疲憊就會鞭策自己，要自己趕快振作起來的人。被「爭取認同」這件事情控制而不自覺，永遠覺得自己是不夠好的、沒有資格放鬆休息。

表現在外就好像不斷在追求自我突破，反而會被肯定是很積極正向的人。而他們其實是被內心「要是沒有成就，我就沒有價值了」的恐懼追趕，跟「我喜歡自己正在做的事情，心裡有願景所以努力」是不同的。

有些父母是無法被滿足的。

就算孩子拼命努力，如父母期待的都有了體面的工作，還會被期待是那個領域最有名的、賺最多錢的，就算這些目標都達成了，還是會被抱怨「陪爸媽時間不如別人家孩子多」，或者只顧工作，也不結婚生小孩等等。

父母的願望太多，孩子就覺得自己是一直在讓父母失望的人。

努力並不能滿足父母的期待，而是不斷創造出新的期待，而有期待就有失望，父母失望孩子還不夠完美，孩子失望自己得不到肯定，最終是沒有人得到滿足的循環。

如果能察覺自己內心有渴望父母肯定而不可得的孩子，或許能更清楚地分辨，哪些是自己真心想要，而不是為了看見父母笑容才設下的目標吧。

為了自己而努力的人，神情都很踏實，為了讓父母高興而努力的人，就有種不知為何而忙的虛無感。

總是覺得自己不夠好、沒有資格放鬆，因為父母訂下的完美目標就在那裡，是那個東西讓人覺得只有做到了才有資格休息，也才有資格得到肯定。

即使客觀來說，他們可能都已經很努力了，有些也已經很有成就，卻沒有辦法肯定自己是個「夠努力」的人。

因為評價的標準不在他們自己，而是在於他們的父母，即使長大之後父母不在身邊，他們內心還是存在著那個永遠無法滿足，做到一件事就會要求他們做另外一件事的父母。

所以無論他們是不是做了很多事情，動機其實只有一個，就是希望有一天能讓父母滿意，得到那個從來沒有得到過的肯定。

但父母如果是從不讚美孩子的人，甚至是控制狂、自戀型人格的父母，這樣的願望是永遠不可能實現的。

你為了誰而那麼努力呢？覺得辛苦的時候，一定要這樣問問自己。

因為人只有為了自己而努力，才能夠真心享受努力的過程，無論最後有沒有達成理想的目標，都能覺得自己活得踏實。

每個曾經努力到最後卻被父母討厭的好孩子，應該都是在努力好多年以後，才發現自己實在做不到吧。

是因為條件，或者是個性，又或者，是父母對好孩子訂的標準實在太高了呢？

放棄去做這件事情，聽起來就好像自暴自棄的壞孩子，別人也會批評：你若是一個懂感恩的孩子，怎麼可以放棄做「好孩子」呢？

但是這麼說的人，可能是不知道在某些家庭裡，要成為父母滿意的好孩子究竟有多難。

每個父母對孩子的要求都不一樣，有的孩子被父母用很寬鬆的標準對待，父母就算不會沒事就誇他好，但也不會沒事就嫌他壞，這樣的孩子長大之後，就很難了解在別的家庭裡，有些孩子被父母嚴格對待的痛苦。

被父母愛著的孩子知道自己只要過得好，爸媽就會高興，那跟不被愛、只是一直被要求做到更好的孩子，心情是完全不同的。

雖然只要是父母和孩子的關係都被叫做親子關係，也總有人說父母對孩子的愛是最無私的，但其實在這個世界上，人們相信的常理一直都存在著很多例外。

再怎麼努力也無法得到父母認同的人，會覺得成為好孩子是世界上最困難的事情，也會覺得自己好像真的是很糟糕的人，不懂為什麼別人擁有「只要孩子平安健康就很好」的父母。

自己無論怎麼努力，在父母眼中，生養自己就是虧了，就是不值得。

父母是這樣的人的話，孩子如果不能放下對父母認同的渴望，就無法掙脫「人生再怎麼努力都是徒勞」的虛無。

38

察覺到父母給的不是愛時，內心從此分裂成兩個

⋮

勇敢保持距離，也努力去分析、探討童年經驗對自己造成的影響。

孩子還小的時候，爸媽如果一邊虐待他，一邊說這是愛，我們對你很好，孩子就算覺得有點不對勁，也還是會相信的。

但是長大之後，當他們看見其他家庭的父母並不這樣對待孩子，察覺到父母給的並不是愛，他們不會因為知道事實而感到輕鬆，而是會因這樣的領悟而感到內心拉扯。

孩子不想察覺父母不愛自己的真相，覺得要是承認了，等於真的失去了爸爸媽媽的愛，但是成年後的自己又已經意識到了，其實這是事實，真正的愛不應該是那樣的，就再也沒辦法自欺欺人。

冷酷的現實和無法持續下去的幻夢，注定失落的是對真實的愛的渴望。

懷疑自己是不是哪裡做錯了，才會怎麼選擇都是絕望，成人後認知到現實的自己，和不想面對事實、想繼續自我催眠的內心那個孩子，時常在心裡彼此對話，都不快樂，還是羨慕別人可以不用承受這樣的內心衝突。。

只有對自己重新培養出很深很深的愛和信念，才能將這樣分裂的自己重新整合吧。

我們不斷地探究，試著去了解和學習什麼是真正的愛，就是在培養愛自己的能力，還有面對自己內心的矛盾。

不被愛的孩子，要努力面對父母不愛自己的事實，還要努力不複製這樣的錯誤，用虛偽的愛來傷害自己或他人。

和被父母深深愛著的人比起來，要走的路顯然是困難許多。

有些人就會因此自暴自棄，覺得自己沒有被愛過怎麼可能學習愛人。

光是踏上起點就覺得困難，因為必須先對自己承認，自己小時候接受的待遇，有許多都不是愛的。

內心分裂，甚至是兩個自我在交戰，一個已經察覺到事實，另一個卻還是想說服自己：不可能，爸媽一定是愛我的。

唯有接受自己這樣的內在衝突和矛盾，心疼自己沒辦法做個單純相信父母的孩子，才是對自己真正的愛和寬容。

也才能夠產生勇氣去面對下一個任務：努力改變自己和不愛自己的人的關係。

勇敢保持距離，也努力去分析、探討童年經驗對自己造成的影響，進一步，學習做一個能夠愛自己也愛別人的人。

會因為否定父母而感到開心的孩子並不存在，但是如果不被愛、只是被以愛為名的控制和虐待的孩子，一直沒有辦法去否定父母，只會讓自己承受更多的傷害。

面對現實雖然很難，也會覺得心痛，但就像人閉著眼睛不可能知道正確的方向一樣，睜開眼睛面對現實，才是療癒之路的開始。

39

不再假裝自己心裡沒有痛苦

⋯⋯

接受了會難過的自己之後，心情反而會變得輕鬆。

「人到了一定年紀，就應該自己走出在原生家庭受到的傷害」這種話，就像在說一個受傷的人，就算沒有接受過治療，也應該在過一段時間後就自己復原。就是那麼地不合理，卻讓很多人因此焦慮。

總是懷疑自己「為什麼一直沒有好」，「為什麼還會難過」，「為什麼說著說著還是會哭」，隨之而來的是譴責自己太沒用、太脆弱，覺得這樣的自己很丟臉，即使是在沒有別人看見的地方偷哭，也會對這樣的自己感到羞恥。

但是想要壓抑，甚至想要進一步消除悲傷的結果，是讓自己連快樂的感覺都變得不太真實。

人沒有辦法選擇只有一種感受而沒有其他情緒，想要真實活著，就要接受自己會有悲傷，在難過的時候要對自己說：發生令人難過的事情，會難過是很正常的。

一開始或許會懷疑，這樣是否對自己太過寬容，但是接受了會難過的自己之後，心情反而會變得輕鬆，有種「原來我是這樣的人」的感覺。

不是完美的人，或許也不心胸開闊，那些因為被親近的人錯待而難以釋懷的事情，也許換作是別人真的通通都原諒、都釋懷了，但是那又如何呢？別人是別人，自己是自己。

就這樣接受自己的不完美，到後來反而會發現是過去的自己，因為順從這個社會的主流看法，對自己太過嚴苛了。

沒有必要自我虐待，明明還會難過的事情卻要自己不再難過，找一個安全的地方，向可以信任的人傾訴也好，獨處也好，讓自己的心情能夠真實流露，這種放鬆的習慣養成，才會有真正感到快樂的時候，也才會意識到，自己過去花多大力氣在假裝自己沒有痛苦。

• • •

能夠追求的目標，並不是做一個不會悲傷的人。

雖然社會上普遍認為，為了過去的事情悲傷很可恥、很幼稚、不成熟，人們只認同非常少數的事情是不會好的傷，其他事情，人們都只會責備因受苦而悲傷的人。

理由是事情都過去多久了，為什麼還要再提、還不振作起來。

但是，看起來完全不會想起過去的人，可能只是不再對外提起，人就是這樣善於偽裝，能夠把其實還很難過，還深受陰影所囿的事實都隱藏起來。

有些人甚至因為太想要做個「積極正向」的人，連自己都騙過，明明會因為回憶起過去而難過，卻假裝不是，轉移注意力說是因為別的事情。

社會很習慣譴責受傷的人沉溺，卻忽視他們有多努力從創傷經驗中振作起來。

有些悲傷是沒有辦法消失的，能做的只有盡可能不再累積新的悲傷，保護自己不再受到同樣的傷害，如果是自己不成熟造成的遺憾，就自我提醒不重蹈覆徹。

過去發生的事情不能改變，難過的心情浮現時，能夠有個地方安心地哭泣，知道現在的自己是安全的，能做到這樣就很好，已經是在正確的方向上了。

然後，即使有悲傷的回憶，快樂的時候一樣能快樂起來。

能跟朋友一起開懷大笑，有真的覺得輕鬆的時候，能哭能笑，對一切的感觸都真實而深刻，那就是很好的人生。

40

想像一個被愛著長大的自己

⋯

了解自己是人生最難的功課，
但也是最值得努力的。

你有沒有想過，如果你是一個不懷疑父母的愛的人，你是被愛著長大的，沒有那麼多自卑心，也沒有焦慮著追求要「變得更好」，那你會是什麼樣子呢？

你在家裡，在朋友、伴侶的身邊都覺得很放鬆、很安全，不會不自覺察言觀色，努力要讓自己變得有用，你和其他人，會共度什麼樣的時光呢？

這樣去想並不是要你否定現在的自己，也不是要你去究責無法改變的過去，而是當你做了這樣的想像，你可以把那當成你新的人生藍圖，告訴自己就是現在、當下，你要開始長成那個樣子。

首先你要提供自己成長所需要的東西，就是愛和安全感，而能夠創造出這些的基礎，就是給予自己陪伴和傾聽。

了解自己是人生最難的功課，但也是最值得努力的。

• • •

我們時常把目標放在如何讓別人理解我們，特別是父母，因為他們是我們生命中的重要他人，在我們面對人生重大決定的時候，他們的理解對我們別具意義，但這是不能強求的。

想要走出負面童年經驗的影響，讓自己重新長大一次的時候，必須放下想要被父母理解的心。

要知道無論你希望得到誰的理解，都是努力過就好了，重要的、想要向這些人傳達的事情，說過一次兩次，至多三次也就不用再說了。

因為對方如果有誠意想要理解你，說三次就夠了，你認真地表達過這件事情對你的重要，對方還是一直否定你，你就可以放下，不用再嘗試努力了。

很多和父母關係不睦的孩子，就是一直把努力的目標，寄託在改善和父母的關係上。想像只要關係改變了，轉好了，就會得到從來沒有體會過的愛和包容。

當其他人從小時候和父母關係緊密，到長大後開始和父母拉開距離，在家庭外建立自己的安全基地時，他們反而因為沒有擁有過，始終無法放下和父母拉近距離的渴望。

但是如果和父母之間的距離，不是因為不懂溝通而變得疏遠，而是有些更基本的原因，像是個性不合、觀念不同、甚至原本就是控制和被控制，是缺乏愛的關係，這種疏離是不可能靠著其中一方的努力而改變的。

高超的溝通技巧，或者是非常善於表達自我，都不表示能夠讓對方理解自己的想法，有些人就是非常頑固，只聽得見、看得見自己想聽見看見的東西。

想要改變關係都只會被認為是在抱怨和指責，甚至是挑釁，說出真實想法的孩子，只會被父母更猛烈的攻擊。

所以想要改變的時候，首先要放棄想要相互理解的心願，你想讓父母理解你，甚至想等他們理解後才開始行動，只會讓你被困在原地，永遠無法踏出新的一步。

放棄可能會讓你覺得悲傷，因為你從還是個孩子時就一直希望父母能夠理解你，努力越久，越難接受終究還是徒勞的事實。

但是也不要因為自己花太多時間而感到悔恨，就告訴自己，那是要放下一件事情所需的時間吧。

你現在終於努力夠了，可以放棄，順其自然的時刻已經來臨。

接下來即使不被理解，也要努力選擇自己想做的事，對方也不用承受你對理解的期待，人們總相信一段關係一定要相互理解才能變得更好，但有些關係能達到的最好狀態，其實就只是互相知道而已。

後記

願你成為真正自由的大人

一個人的原生家庭就是他人生的起點，這個起點是好是壞，是容易起步還是困難，不完全取決於自己的努力，而是有命運的操控。

但是起點是這樣，後來的路，是自己可以選擇的。

只是做選擇時所需要的勇氣和堅定，每個人面對的挑戰不同。

有的孩子就是能夠懷抱著父母給的勇氣和信心，在自己的人生路上大步前行，有的孩子，就是要先接受對原生家庭的失望，努力把失望化作力量，出發尋找自己真正想要的東西。

原生家庭的愛和安全感，是每個人都需要並且想要的。

這種渴望在生命最初支持了我們，即使長大後能夠自力更生，如果年幼時那份需要沒有被充分滿足，內心還是會很難釋懷。

但你必須接受現實，你注定要為此傷心難過，而且那份傷心不是因為你失去了父母的愛，而是那份愛，你從來沒有得到。

一旦認清現實，你就可以重新開始了。

愛不是只有父母才能給予的東西。

即使他們不愛你，你也可以愛自己。

建立這樣的認知，你就會對這個世界，重新產生探索和追求的勇氣。

許多不被愛的孩子長大之後，對世界的看法仍然是悲觀的。

但他們多半沒有發現自己的悲觀，而是相信：這就是世界的真實。

一個自己注定不會被愛，和別人的關係，至多也只能是條件交換的世界，就是他們所相信的真實。

這個世界是父母從小內建在他們的心裡，侷限他們的眼光，也讓他們自我設限，不敢踏出框架的精神上的牢籠。

是父母建立的小小王國，在那裡，孩子只能跟父母建立不平等的交換關係，可能付出全部，還是得不到一點點的愛和關懷。

不斷累積的挫折讓人變得悲觀，先是否定自己有被愛的價值，最後否定了愛的存在。

成長過程中不被父母所愛的孩子，他們的問題不只是缺愛，還包括即使離開了父母，他們還是用父母的眼光來看待自己，自我否定和自我束縛。

父母看他們是不好的，他們就一直相信自己並不好，父母說他們不值得愛，他們就一直相信，愛是一種必須做到完美才能擁有的東西。平凡而充滿缺陷的自己不可能得到，只能在一旁羨慕別人。

父母就像創造世界的神一樣，構成了孩子對自己、對世界的想像，被愛著長大的孩子相信世界是廣大的，有愛的能量在當中流動，這些不被愛的孩子，相信的卻是自己永遠不可能被愛的絕望。

要從絕望中醒來就必須發現，父母建立的世界並不是真實。

由父母形塑的價值觀和對世界的想像，就像舞台上虛構的背景。

只有離開那個舞台成為觀眾，用客觀的眼光看待，才會發現自己一直都在父母的舞台上扮演父母分配的角色，過著父母設定的人生。

自己不是自己人生的主角，而是一直在父母的人生劇場中扮演孩子。

要成為大人就必須克服失去角色的恐懼，說自己真正想說的話、做自己真正想做的事。

越是在親子關係中內耗到筋疲力竭、開始懷疑自己有沒有辦法愛自己、照顧自己的人就越會發現，一旦下定決心停止白費力氣，從此要看顧自己的內心而不是父母，自己擁有的能量原來是如此豐沛，過去都是用錯了地方，才會覺得人生好像付出再多都是枉然。

以為自己已經枯竭了，其實內心依然有愛，只要把那份孩子對父母全心付出的愛與忠誠，拿來善待自己。

如果在原本的親子關係中，你體會到的盡是愛的失落，你真的可以對自己說：你已經體會過夠多的痛苦和悲傷了。

從現在開始要體會不同的事物，過不一樣的生活。

在原生家庭以外的地方尋找愛，你會發現那份愛一直以潛能的形式存在於你的心中，而你有實現它的可能性。

作者簡介

羽茜

政治大學社會學碩士，曾獲耕莘文學獎短篇小說組首獎，著有《成為母親之後》、《在婚姻裡孤獨》、《媽媽的自由》、《今天雖然很好但不知道明天會怎樣》、《家庭傷痕》。寫作的議題涵蓋婚姻、家庭、母職、兩性、親子關係和教養，但覺得在這些議題背後，最主要的關心是愛，想知道人與人之間互相關愛、在一起能覺得幸福的條件是什麼。時常覺得三十歲後的自己是一個全新的生命，和兩個孩子一起成長，至今仍在探索自己、了解自己的過程。

https://www.facebook.com/babysvision

有一種難題，叫父母

作　　者——羽茜
副總編輯——楊淑媚
設　　計——張巖
校　　對——羽茜、楊淑媚
行銷企劃——謝儀方

總編輯——梁芳春
董事長——趙政岷
出版者——時報文化出版企業股份有限公司
108019 台北市和平西路三段二四〇號七樓
發行專線——（02）2306-6842
讀者服務專線——0800-231-705、（02）2304-7103
讀者服務傳真——（02）2304-6858
郵撥——19344724 時報文化出版公司
信箱——10899 臺北華江橋郵局第 99 信箱
時報悅讀網—— http://www.readingtimes.com.tw
電子郵件信箱—— yoho@readingtimes.com.tw
法律顧問——理律法律事務所　陳長文律師、李念祖律師
印刷——勁達印刷有限公司
初版一刷——2025 年 7 月 4 日
定價——新台幣 360 元

版權所有 翻印必究
缺頁或破損的書，請寄回更換

有一種難題，叫父母 / 羽茜作 . -- 初版 . -- 臺北市 :
時報文化出版企業股份有限公司 , 2025.07 面；　公分
ISBN 978-626-419-611-6(平裝)
1.CST: 家庭關係 2.CST: 問題家庭 3.CST: 心理創傷 4.CST: 自我肯定

544.14　　114003429

時報文化出版公司成立於一九七五年，並於一九九九年股票上櫃公開發行，於二〇〇八年脫離中時集團非屬旺中，以「尊重智慧與創意的文化事業」為信念。